现代家庭教育读物的鼻

卡尔·威特的教育全书

（德）威特 等著　张然 译

The Education of KARL WITTE

中国商业出版社

图书在版编目（CIP）数据

卡尔·威特的教育全书／（德）威特等著；张然译．—北京：中国商业出版社，2013.3

ISBN 978-7-5044-8010-1

Ⅰ.①卡…　Ⅱ.①威…②张…　Ⅲ.①儿童教育—家庭教育　Ⅳ.①G78

中国版本图书馆CIP数据核字（2013）第037891号

责任编辑：张振学

中国商业出版社出版发行
010-63180647　www.c-cbook.com
（100053　北京广安门内报国寺1号）
新华书店总店北京发行所经销
北京毅峰迅捷印刷有限公司
*
710×1000毫米　16开　16印张　200千字
2013年4月第1版　2013年4月第1次印刷
定价：32.00元
* * * *

前言
Preface

用卡尔·威特的教育法则培养出哈佛孩子

一个生下来被视为“痴呆儿”的小威特，居然9岁时进入德国莱比锡大学，14岁获博士学位，16岁担任柏林大学法学教授；

1914年，赛德兹从哈佛大学毕业，年仅15岁；

年仅13岁的阿道夫·巴尔进入哈佛大学，并提前一年毕业；

14岁的罗伯特·维纳进入哈佛大学研究生院，18岁获哲学博士学位；

这些孩子出自不同的时代、不同的国家，但他们有一个共同之处：他们都是卡尔·威特的教育法则的受益者！

卡尔的父亲把小卡尔长到14岁以前的教育写成了一本书，这就是《卡尔·威特的教育全书》，成书于1818年，体现了卡尔·威特前所未有的父爱下的知识型教育理念，以及他对这位天才儿子的教育心得。书中详细地记载了卡尔的成长过程，以及自己独辟蹊径的教育方法，该书大概是世界上论述早期教育的最早文献。但这本书问世后并未引起人们重视，几乎绝版，保留至今的只有很少的几部了，哈佛大学图书馆里藏有的一册据说是美国的唯一珍本。因此，如今看过原书的人极其少，老卡尔·威特的教育理论只散见于受他启发的一些教育论著诸如《俗物与天才》、《早期教育和天才》等书中。然而，正是由这些残章断片生发出的教育方法，培养出了近代无数世界级的通过早期教育成长的典范。

三个世纪以来，《卡尔·威特的教育全书》一书被千千万万的人不断实践并证明的儿童教育奇书，哈佛、剑桥、牛津大学联合推荐的必读教育经典，影响全球五代孩子，成为当代幼儿教育的里程碑，让许多父母成功地培养出了享誉世界的天才的心灵工程手册，成为早期教育家们的教育指南、不断地去挖掘和阐释的经典。

现在，人们都非常重视孩子的早期教育。但是，早期教育也要讲究方式方法，不能漫无目的，毫无计划。有多少孩子的兴趣和学习的快乐，被沉重的书包和一天到晚连轴转的辅导班所湮灭？他们的童年是他们想要的吗？有谁真正尊重过一个孩子自己的意愿呢？其实，孩子应该健康快乐地成长。

认真读完这本书，你将会有非常大的收获。

目录
Contents

上辑 老卡尔·威特的教育

第三章　采取正确的教育方法

第四章　努力培养孩子的良好品德

第五章　孩子的好习惯培养

上辑

老卡尔·威特的教育

决定孩子成长的重要因素是教育而非天赋，孩子从出生到五六岁时的教育是孩子成长的关键。只要教育方法正确，大多数孩子都会成为杰出的人。

——老卡尔·威特

>>>

第一章

迎接天使的到来，为孩子的优生打好基础

“龙生龙，凤生凤，老鼠生来会打洞。”这虽然是一句俗语，但它的深义在于提醒人们：父母的遗传基因和习惯对于子女的影响是巨大的，特别是一个母亲的所想所为对孩子未来的发育成长更起着决定性的作用。

拥有一位身心健康的妻子

◎ 卡尔·威特教育箴言

在选择妻子时，为了自己以及后代的幸福，一定要娶那种身体健康、贤慧善良的女子为伴。

孩子是上帝赐给每个父母的礼物，孩子出生后是否优秀和健美，在很大程度上取决于父母的基因，因此说，生一个好孩子不但要自身优秀，婚姻的另一半也要优秀。作为父母，应尽最大努力培养孩子，并让他们变得健康、独立而坚强，以便更好地享受美好的生活，这是义不容辞的责任。而要做到这一点，在孩子出生之前，父母就应该做好各方面的准备。其中，首要条件是孩子的父母要拥有健康的身心，方才能承担起孕育一个孩子的使命。

因此，对于步入婚龄的年轻人而言，在选择自己的另一半时，为了自己以及后代的幸福，一定要选择那些身体健康、品德优秀的人。

从生物学的观点来讲，“近亲结合可以繁殖最好的马和狗”，但这种观点对人类并不适用，在我身边就有这样的事例。汉森是邻村的一个木匠，他娶了他的表姐为妻，婚后共生了10个孩子，其中有3个孩子夭折了，剩下的7个也都身患不同的疾病。而汉森和他妻子的家族一向人丁兴旺，但是汉森却没有生出健康的孩子来延续他们曾经兴旺的家族。这都是因为近亲结婚的缘故，步入老年的汉森常常因此伤心不已，但是一切都已不可挽回了。

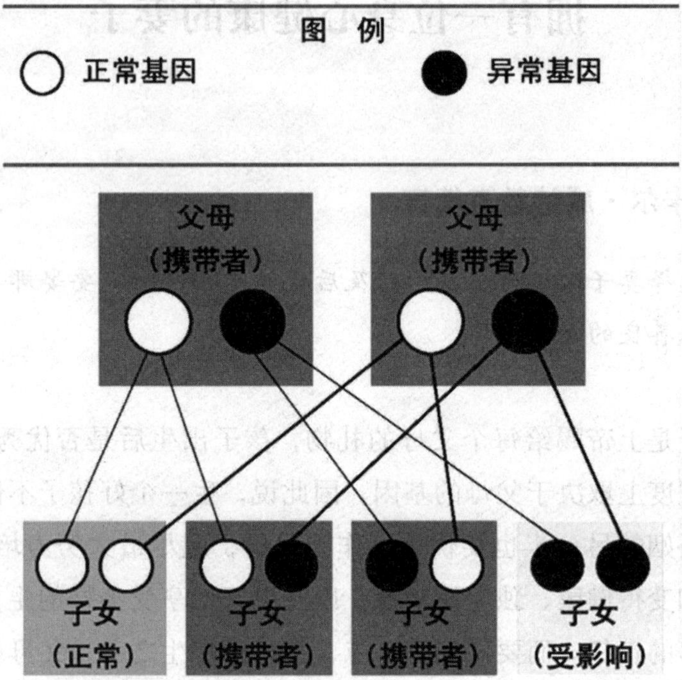

这个事例充分说明，人类近亲结婚生下的孩子往往不太健康，会造成一生的遗憾！因此人们在寻找结婚伴侣时一定要谨慎。

生活中，有些人在寻找结婚伴侣时考虑不够周全，常常从感性出发，以至最终为悲剧的发生埋下隐患。

有人说，我一定要娶一个出身名门的姑娘为妻，这样将来就能飞黄腾达，拥有显赫的地位，至于其他的方面我才不在乎呢；还有人说，我娶她为妻，是因为她的舞蹈让我着迷；也有人说，我和她结婚是因为她长得很漂亮。

其实，这些理由都不起决定作用，对男人而言，在选择妻子时，为了自己以及后代的幸福，一定要娶那种身体健康、贤慧，善良的女子为妻。最重要的是女方没有身体缺陷和家族病史尤为重要。

我选择我的妻子，主要是因为她很善良。她虽然不算漂亮，但她知书达理，非常勤快，非常理解和支持我，而且，据我了解，她们家没有遗传病史，她本人也非常健康。我是一个牧师，没有丰富的物质生活，可是我的妻子从来没有任何抱怨。当小卡尔出生后，她将母爱毫无保留地倾注在孩子身上。我始终认为，卡尔后来能够取得那样辉煌的成就，与我妻子的健康和善良是密不可分的。

妻子在妊娠期要远离一切不良嗜好和环境

◎ 卡尔·威特教育箴言

为了生出一个健康的孩子，夫妻双方要注意保持身体和精神的健康，注意远离一切不良习惯和环境，尤其是宠物。

天下所有的父母都希望自己的孩子能成为出类拔萃的天才，我和妻子也不例外。为了生出一个健康的孩子，在妻子怀孕前，我们就一直很注意保持身体和精神的健康。

在日常生活中，我和妻子都始终保持精神上的愉快，对人对事充满真诚，这样常常让人感到神清气爽。我和妻子时常到户外散步，这样不仅可以呼吸新鲜的空气，领略大自然的美丽风光，还能陶冶我们的情操。我和妻子都是性格温和的人，不会为琐事发生争执，生活过得宁静而温馨。我们想，在这种氛围中出生的孩子肯定是很健康的。

我们都知道，饮酒对胎儿十分不利，为了孩子的健康，那些喜欢饮酒的父母最好能戒酒。一位做医生的朋友在我们决定要孩子时告诫我，夫妻双方应当在受孕前3个月就开始戒酒，如果胎儿属于酒后受孕，常常会智力低下，发育迟缓。因此我和妻子在怀孕之前就特别注意。

在那段日子，我加强了运动，一般情况下都以步行为主。妻子也保持心情愉快，我们对尚未出世的孩子充满了期待。我们有时也到田野中去观赏景物，到海边去眺望远方，有时我还会摘野花送给妻子。这样不仅增进了夫妻之间的感情，对即将出生的孩子也很有利。

我和妻子相处融洽，几乎没有发生过争执，为了即将出生的孩子，我们和睦相处也是理所应当的。

在小卡尔出生前，我几乎精心地注意到了每个细节，但百密一疏，我们也有一个疏漏，那就是忽略了宠物对胎儿的影响。我曾经听医生说过，有一种弓形寄生虫寄生在猫狗粪便和生肉中，对胎儿有很大的危害，可是当时我们都没有重视。那时，家里原来有一只猫，为了让妻子开心愉快，我又从邻居家抱养了一只狗。小卡尔刚生下来时看上去不太健康，可能与此有关。在这件事上，应该是我们犯的一个错误，但愿其他的父母不在步我们的覆辙。

怀孕的女人特别需要丈夫的体贴

◎ 卡尔·威特教育箴言

母亲的心态对其腹中的胎儿会产生巨大的影响，母亲的希望、恐惧和痛苦等对胎儿的影响，要远远超出其出生后，母亲的行为对他的影响。

母亲的心态对其腹中的胎儿会产生巨大的影响，母亲的希望、恐惧和痛苦等对胎儿的影响，要远远超过其出生后，母亲的行为对他的影响。

或许有人认为，要生出一个优秀的孩子却先提出要细心呵护照料妻子，这似乎离主题远了点，其实不然，呵护好妻子，让妻子在倍感关照和爱护下度过每一天，会让她的心理极度地平和与宁静，而这种心态也会极大地影响孩子的心理成长。

当妻子怀孕后，就需要做丈夫的更多的体贴和关怀。这是每个即将为人父的男人都应该做到的。

通常情况下，妻子怀孕后，家庭生活变得更加有规律，需要制定新的，更利于妻子生活的作息时间，做到早睡早起。我是一个热爱思考的人，在年轻时形成了深夜祈祷和阅读的习惯，每当夜深人静的时候，静静的阅读和祈祷就成了我的一大乐趣。不过为了不影响妻子的休息，我在她怀孕后改掉了这个习惯。

意大利画家达·芬奇曾说："一个灵魂支配着两个肉体……母亲对其腹中的胎儿会产生巨大的影响，母亲的希望、恐惧和痛苦等对胎儿的影响，要远远超出对母亲的影响。"

妻子怀孕后是很辛苦的，丈夫应当在每一个细节上都细心呵护妻子。当妻子心情不佳时，我会耐心地倾听，跟她进行沟通和交流，以便让她尽快恢复愉快的心情。

有一天，我从外面布道回到家，一进门，看到妻子脸上带着不安的表情。

于是我问："亲爱的，怎么啦？"

妻子一句话也没说，一脸忧伤地看着我。

妻子的性格本来是十分开朗，是什么事让她如此哀伤呢？

我赶忙走过去轻轻搂住她，体贴地问："怎么啦，哪里不舒服？你向来有什么话都跟我说的，今天发生什么不开心的事啦？"

妻子有气无力地说："卡特琳娜的儿子死了。"

卡特琳娜是我们镇上的一个女人，她的儿子一出生就得了一种怪病，一年多来，始终不见好转，但没想到这个孩子这么快就夭折了。那天正好我到另外一个教区去布道，否则我不会让妻子知道这个消息的。这对一个已经怀孕的女人来说，是十分不利的。

妻子伤感地说：“今天，他们来家里找过你。你不知道我听到这样的消息有多难过，因为这让我联想到我们自己的孩子。”

“亲爱的，我完全理解你的心情，但千万别多想。”我安慰妻子说，“卡特琳娜的孩子刚一出生就有病这是很少见的。”

听了我的话，妻子反而大哭起采：“可是，我们的第一个孩子不是也这样夭折了吗?”

在这种情况下，我也有些不知所措，但我很快让自己平静下来，对妻子说：“亲爱的，别想那么多。我们不能总活在过去的阴影中，应该向前看。我听说卡特琳娜在怀孕的时候就经常和自己的丈夫吵架，总是处于负面情绪中，她的孩子不健康和这个因素有很大关系。而这一点和我们有很大的不同。”

妻子哭着说：“我知道，可就是不能控制自己。”

“没关系，我来帮你。你要尽快忘掉那些让你苦恼的事，多想想即将出生的孩子，他肯定是个优秀的孩子。来，现在做一个深呼吸。”我一边说，一边给她做了个示范动作。

接着，妻子跟我做了几次深呼吸。她的心情好了很多。那天晚上，我一直陪在她身边，跟她谈论我们如何培养孩子，使他成为一个有用之人，直到她高兴了为止。

为了让妻子保持心情愉快，我用尽了所有办法。

妻子很喜欢泡热水澡。在她看来，在劳累了一天后泡个热水澡是一种享受。但在她怀孕之后，我就制止了她的这种习惯，因为太热的水对胎儿有害。

妻子虽然是快做母亲的人了，但她毕竟还年轻，难免有任性的时候，最后我做出让步也是常有的事。

有一次，趁我不在家，妻子泡了一个热水澡。我知道后，只是要求她下不为例就过去了，可就为这句话，妻子还有点委屈地说：“你现在心里只有孩子，再也不像过去那样关心我了。”

“亲爱的，怎么能这么说呢？你想想看，孩子是我们共有的，现在你泡热水澡确实对孩子不好，我这样做也只是为孩子着想，等孩子出生后，你喜欢怎么泡就怎么泡，我不会反对的。”

“可是，我这几天身上的肌肉酸痛，特别不舒服。”妻子调皮地反问我，“你不是总说如果母亲心情不好就不能生出健康的孩子吗？现在我不泡热水澡，心情就不好，你说怎么办？”

我知道妻子是在跟我开玩笑，但她说的也有道理。于是，我想了个折中的办法，每天用热毛巾给她擦身子，还让我们雇佣的保姆给她准备热水烫脚。

在妻子怀孕期间，为了让她保持心情愉快，我会每天都让她过得很开心，有时我送给她一束漂亮的鲜花，有时会为她朗读我精选的使她高兴的书。

妻子的嗓子很好，歌也唱得好，结婚前，在我们的小镇上小有名气，人们都很喜欢听她唱歌。怀孕后，她还常常轻声歌唱，她对我说，孩子一定能听得到她的歌声。

很多人在妻子怀孕之后就开始冷落她，我没有那样做，我们之间的距离在那段时间反而更近了。在我们周围环绕着一种幸福，孩子虽然还没出生，我们却已经感到了他的存在。

母亲要承担起教育和照料孩子的责任

◎ 卡尔·威特教育箴言

母亲的教育左右着一个国家的命运，母亲的教育对孩子来说是非常重要的，伟人成长的背后肯定有一个伟大的母亲。

母亲的教育左右着一个国家的命运，母亲的教育对孩子来说是非常重要的，伟人成长的背后肯定有一个伟大的母亲。

有人说：伟人的孩子一定很了不起，至少要超过平凡人。我不认同这样的说法，因为伟人常常忙于自己的事业而无暇照顾自己的孩子，他们的妻子也因为过多地关注丈夫的成功而忽视对孩子的教育。因此说，优秀的人不在于他的父亲有多优秀，而在于教育他的母亲有多优秀。

卡尔今天取得的成就首先源于他的母亲。她的母亲心地善良，具备丰富的育儿知识，在对孩子照料和教育方面，都算得上是一位非常出色的母亲。

在怀孕期间，我的妻子常常说“我所做的一切都会对孩子造成影响”。因此，她在饮食方面非常讲究，从来不吃辛辣及口味过重的食物，甚至连她最喜欢吃的油炸咸鱼也“戒掉”了，她说吃咸鱼会损害孩子的肝脏。

我的妻子性格坚强，为了让孩子出生后成为一个勇敢的人，在怀孕期间她变得更加坚强了。她在怀孕期间几乎没有哭过，就算遇上伤心事，她也能很快恢复愉快的心情。我赞同妻子的做法，在怀孕期间，如果母亲的心情不好，就会导致婴儿发育不良，造成孩子将来软弱无能。

作为母亲，有义务让孩子成长为一个追求美、真理和正义的人。但大多数的母亲只着重于孩子的身体健康而忽视了孩子品德和智力的发展，这是一种不负责任的表现。

我的妻子用她勇敢和乐观的性格践行着一个做母亲的责任。

在卡尔的成长过程中，我的妻子在他的身体成长和心智发展方面都打下了很好的基础。

我认为，母亲的角色是其他任何人都无法取代的，孩子的早期教育最好由母亲来承担。有很多人出于各种原因雇用其他人来对孩子进行教育，这些人作为母亲是不称职的，她们推脱了一个母亲应负的责任。

有一对年轻、充满活力的夫妇，由于家庭条件很好，孩子出生后，他们就把孩子托付给一位亲戚照料，而自己去国外旅行了。他们的亲戚工作忙碌，根本没有多少时间对孩子进行教育，于是又让自己的保姆玛格丽特来照顾这个孩子。

这对夫妇想趁孩子还小的时候赶快去外面玩，等孩子长大了需要教育，就没有时间出去玩了。结果在外面一呆就是四年，其实，他们的想法大错特错，孩子从出生起就要开始教育他了。而他们的这种观念和做法导致的结果无疑将让他们悔恨终生。

当这对夫妇从国外回来时，孩子对他们像陌生人一样，这让他们非常苦恼。当他们晚上想和孩子一起睡时，孩子宁愿睡在保姆玛格丽特简陋的房间里，也不愿待在他们漂亮而舒适的卧室。

这对夫妇都曾受过良好的教育，但他们的孩子却整天和一些粗野的孩子在一起说粗话、打架、欺负其他孩子。夫妻俩想让他读书，但孩子根本学不进去，也不服从他们的管教。

有一天，这对夫妇和他们的孩子发生了激烈的争吵。

结果孩子转头跑了出去躲在保姆的身后。于是，夫妻俩又开始对保姆发火。

父亲冲着保姆怒吼道："你怎么照看孩子的，他居然不认自己的亲生父母。"

可怜的保姆战战兢兢地解释说："先生，这可能……是因为你们很久没跟他在一起的缘故，孩子和我比较亲近是因为他从小就和我在一起吧！"

而他们的孩子却站在保姆这边替她说话，同时还怒视着自己的亲生父母说："不许你们对玛格丽特太太这样说话。"

"我是你的亲生父亲，你不知道吗？"

"我根本就不认识你。"

“好了，从现在开始你要听我们的安排，来接受良好的教育。以后不许你和玛格丽特太太一起睡，而要和我们在一起。”

“决不!”孩子打断了父亲的话说，“我就是要和玛格丽特太太待在一起。”

父亲愤怒地说：“我现在就辞掉玛格丽特太太，看你还有什么办法。”于是玛格丽特太太只好含泪离开了，虽然她舍不得这个孩子，但也没有其他办法。

这个孩子在以后的岁月里郁郁寡欢，十几岁的时候，他还曾离家出走了好几次。我想这孩子的结果也不会好的，至少是很不容易转变他的这种思想。

而出现这种不利的结果，我想正是当初这对夫妇的行为导致了这样结果的出现。

当然，这并不是说人们一定不能雇用别人来照看自己的孩子，而是说做父母的不能在孩子的管理教育上做甩手掌柜。对于那些生活富裕的家庭来说，可以把一些杂活交给女佣去做，但母亲在教育和照料孩子方面，一定要承担起主要责任。

我们家也一直雇有女佣人，却没有出现上述情况。这主要是由于卡尔的母亲承担了教育孩子的主要工作，她几乎时刻都陪着孩子，对他进行教育。在她实在忙不过来时，才偶而叫女佣过来帮她一下。这样，女佣就成了我妻子的好帮手。我记得有位名人曾说过这样的话：“国民的命运掌握在母亲手中。”我认为这句话非常正确，但真正理解这句话的人却很少。那些不太称职的母亲，在不经意中就将孩子引向歧途，这真是人生的遗憾。母亲的教育左右着一个国家的命运，愿天下所有的母亲都能承担起作为一个母亲的神圣使命。

第二章

教育第一，天赋第二

人们习惯于把那些做出不平凡事业或成就的人称为天才，或称其是天赋使然。这不是事实，也不正确，天赋好比一块天然宝石，而打磨、雕琢就是教育，如果没有高超的对其进行打磨和雕琢的技术，所谓的宝石也将难以绽放璀璨的光彩。

后天教育比天赋更重要

◎ 卡尔·威特教育箴言

人刚出生的时候是差不多的。即使是资质平庸的孩子，只要教育方法得当，将来也能够成为优秀的人才。

法国启蒙思想家爱尔维修说过："人刚出生的时候是差不多的，只是由于孩子所处的环境不同（特别是孩子早期所处的环境），有的孩子成了天才，有的孩子成了普通人。其实，即使是资质平庸的孩子，只要教育方法得当，将来也能够成为优秀的人才。"

有人认为我的教育观点和爱尔维修的观点很相似，我同意这样的说法，但是也有一点差异，就是我承认天赋的影响不可小觑。爱尔维修的观点有其片面性，他仅强调大环境的影响，而忽略了孩子在天赋上的差异。我在卡尔出生之前，就认识到孩子的天赋是有一定差异的。

法国启蒙思想家卢梭在他的作品《爱弥儿》中讲过一个故事：两只小狗由同一只母狗所生，它们在同样的地方接受相同的教育，长大后，其中一只狗很聪明，而另一只狗却很笨拙，这与现实中，同一个老师教育出的学生水平不一样是相同的，不相同的原因不一定是因为天赋不同，而是因为有的学生学习认真，有的不认真的差异。

另一个教育家裴斯塔洛齐也讲过一个故事：有两匹相同的小马，分别交给不同的人饲养，其中一匹在一个急功近利的农民的饲养下，还没有长大就要每天驮很重的东西，变成了一匹普通的马；而另一匹在一个专业驯马人的饲养下，变成了一匹良驹。

上面的两个小故事内容不同，但反映的本质是相同的，强调的是后天的环境更加重要，天赋则无足轻重。

应该承认孩子的天赋存在差异，有的天赋指数会高一些，有的天赋指数会低一些。但天赋的高低并不能决定一个孩子在将来就是一个天才或一个低能儿，孩子真正的有无才华，在于他在后天接受什么样的教育，如果任其一个天赋指数较高的孩子自然成长，不让他接受任何基础和专业教育，那么，他在生活中只能是一个庸才。相反，一个孩子的天赋指数不是很高，但他接受的教育是良好的，他就可以成为一个优秀的人才。因此，我认为，天赋和教育是可以相得益彰的。

及早引导孩子自由地发挥出天才的潜能

◎ 卡尔·威特教育箴言

人天生具有成为天才的潜力，而关键是做父母的能否通过教育开发出孩子的这种潜力。

人天生具有成为天才的潜力，而关键是做父母的能否通过教育开发出孩子的这种潜力。

每个做父母的都希望自己的孩子是个天才，但却并不都清楚天才是怎样形成的。比如：儿童教育到底应该从什么时候开始最好，即使是在专家方面也存在着不同的观点。有人认为，过早地教育儿童会损害孩子的健康；还有人认为，儿童教育应该从七八岁开始，后者在各种观点中占据主流，被人们广泛接受。我个人认为儿童教育应该从孩子智力萌芽的那一刻开始。而且，我对卡尔也是这样做的。

由于受到主流观念的影响，人们对我的观点置之不理，很少有人会运用我的教育理论去培养孩子。

我在前面已经说过，我的孩子在出生时先天不足，甚至有点痴呆，在经过我的教育之后，他在很多方面都比普通儿童优秀。但仍有很多父母认为，卡尔是个天生的神童，并不是培养的结果。对此，我实在无话可说。

在教育卡尔的问题上，我坚持了自己的教育观点，用自己的方法让孩子不落后于其他同龄人。卡尔既然先天不足，我就想办法尽量挖掘他的潜力。这种教育在孩子的智力开始萌芽时我就开始做了。

早期教育为什么能够造就天才呢？要说明这个问题，就要从儿童的潜力说起。通过心理学、生理学、生物学等学科的研究发现，人天生具有一种隐藏在体内的特殊的能力。形象点说，如果一棵树在正常条件下能够长到30米高，我们就说这棵树具有能够长到30米高的可能性。同样，如果一个孩子在理想的状态下能力达到100分，我们就说这个孩子具有100分的潜能。

其实，人的内心都潜藏着这种可能，只要对孩子进行必要的教育，他的这种可能就可变成现实。

但这毕竟是一种理想状态，在现实中实现起来有很大的难度。理论上说，树有长到30米高的潜力，但真要长到那么高却很难，一般来说，树能长到15米高就算不错了。如果生长环境恶劣的话，生长情况会更糟；如果用心呵护的话，它也许能够长到18~21米高，甚至可能长得更高。那么我们就把用心呵护和增加它的生长所需的一切营养，看作是潜力的挖掘。同样，如果一个能力100分的孩子没有得到精心的教育，长大后最多也就是一个能力30分的人，显然，他只发挥了自己潜力的1/3；如果这个孩子经过精心的教育，他的能力应该能达到70分，甚至90分，即他能够发挥自己潜力的七成，甚至九成。

教育的理想境界是能让孩子的潜力发挥到十成，这就是天才的高度。只要能够充分发挥出孩子的这种潜力，就能为他长大后做出一番事业奠定坚实的基础。由于没有对孩子进行适当的教育，以发挥出他的潜力，所以，世界上的天才寥寥无几。

因此，如果你能尽早地通过教育开发出孩子的这种潜力，就可以造就伟大的天才。

三岁前是教育孩子的最重要时期

◎ 卡尔·威特教育箴言

0～3 岁是孩子成长的关键时期，这个年龄段的孩子的认识能力和吸收能力都超出我们的想象，孩子 3 岁前接受的教育是孩子的一生所接受的全部教育中最重要的一个环节。

在前面，我提出了孩子的教育应从孩子智力萌芽时就开始的观点，我之所以提出这样的观点，是因为我认为，为了防止孩子潜能的递减，越早教育孩子越好，从孩子出生时就开始教育是最理想的。但是，我的观点和有些教育家的观点相左，他们认为对孩子进行过早的教育是有害的，我认为他们的这种观点值得商榷。

一般来说，0～3 岁是孩子成长的关键时期，孩子的大脑在这一时期形成的认识事物的方式与其长大后认识事物的方式是不同的。

婴儿出生时并不能从众多面孔中认出自己的母亲，但长到三四个月或是更大一些，他就能“认出”自己的母亲。这种能力是他经过反复观察，并在大脑中形成了认识母亲形象的“模式”的必然结果。

0～3 岁孩子的识别能力和认识事物的模式远远超出了我们的想象。他们的大脑像一张白纸，具备独特的吸收能力，能够很快把握事物整体的模式，因此，这个年龄段的孩子比较适合采用“模式教育”的方式。而错过了这个阶段的教育是一种智力开发上的重大损失，由于这时孩子的大脑还不具备分辨好坏的能力，为了防止孩子受到不良的影响，我们应该将正确的模式灌输到孩子的大脑中。

孩子 3 岁之前所处的环境和接受的教育对他的一生影响深远，孩子长大后的性格、处事方式等都与这些因素有关。既然如此，在孩子 0～3 岁阶段，应该让他们接触图形、音乐、语言、文字等知识，同时帮他们树立正确的人生观和价值观，为他的人生奠定良好的基础。

无疑，教育孩子任重道远，经过十月怀胎，生下一个健康的孩子，只是教育的开始，此后，结合孩子成长过程的不同发育阶段，要制定不同的教育内容对其进行正确的教育，既可以尽量减少孩子天赋的递减，又可以让我们在教育孩子的过程中不断总结经验，提高教育效果。

从婴儿时期开始做体能训练

◎ 卡尔 · 威特教育箴言

健康的身体更容易造就天才。如果那些病弱的天才本来就身体健康，也许会是更加伟大的天才。

很早就有人提出教育孩子要特别关注五大领域，即：健康、语言、社会、科学和艺术，而健康则被放到了五大领域之首。而按传统的认识，世人都认为天才一定体弱多病，因为在哈勒，总是流传着一些神童体弱多病甚至很早就夭折的悲剧故事。所以很多人在看到很出色的卡尔后跟我说：“你的孩子看起来身体很棒，不太像个神童。”对此，我很不以为然。如果一定要在体格健壮和神童之间选择，我宁愿选择前者。

问题是，我恰恰认为：“伟大的灵魂需要健康的身体来支撑”，有太多我例子可以证明，健康伟人的数量要远远超出病弱者的数量。事实上，健康的身体更容易造就天才。如果那些病弱的天才本来就身体健康，也许会是更加伟大的天才。

不管怎么说，卡尔健壮的身体让人们感到诧异，是我乐于接受的事实，我从孩子婴儿时期就对他进行体能训练。

而要孩子有一个较强健的身体，前提是要把孩子成长的周围环境布置得温馨协调。如果孩子生活的环境不好，身心肯定不会太健康，局促的环境容易使孩子精神紧张，没有通风的环境容易让孩子罹患肺炎等疾病。孩子应该从小就生活在干净舒适并令人心情愉快的环境里，我和妻子经常在天气晴朗的时候带卡尔到开阔的田野里游玩，让孩子尽情地感受并陶醉在满眼绿色和鲜草味中。如果温度合适阳光灿烂，我经常会让孩子在屋外睡觉，这样他就可以呼吸到新鲜的空气顺便来个日光浴。

我们时刻注意让孩子的小身体可以自由地活动，不要担心孩子的胳膊腿会长不直而将他裹起来，免得妨碍他的手脚自由活动，也不给他围任何能将嘴或脸弄得变形的围巾。当小卡尔要睡觉时，我们就在床上铺上一层柔软的鸭绒褥，以便可以让他的手脚可以活动自如，婴儿的这种活动就是他的运动。因此，睡觉时千万不要将他裹得像个密不透风的布娃娃。

由于我们的特别训练，小卡尔在 6 周大的时候就已经像满 4 个月的孩子了，体格显得特别的健壮，这与我们让他呼吸新鲜空气并且经常进行运动有很大的关系。

我对小卡尔进行培训的另一种运动就是让他握住我的手指，婴儿天生就具有抓握反应，他就像玩单杠那样使劲拉起自己的身体。等到孩子没有了那种抓握反应时，他的胳膊已经锻炼得很有力了，为他提前进行爬行训练奠定了良好的基础。

我还注意培养孩子的触觉感知能力，婴儿都有爱洗澡的天性，我跟妻子天天都给小卡尔洗澡并且按摩手脚，这种做法既可以促进他的血液循环和肢体的灵活，也可以发展他的触觉。卡尔长到一周岁的时候，我们还尝试着教他洗脸和洗手，每天都要求他在用餐前洗手，早上起床和晚上睡觉前都要洗脸、洗脚。在孩子吃完干面包后，也要求他去漱口，而且还让卡尔从小就养成用手绢擦鼻涕的好习惯。

卡尔在我们的精心培育下，长成了一个健康快乐的孩子。

五官训练

◎ 卡尔·威特教育箴言

人类感知外界的生理基础在于听觉、视觉、味觉、嗅觉、触觉，所以充分刺激孩子的这些感觉器官可以促使孩子大脑的潜能得到充分发掘，最终成为一个敏锐聪慧的人。

孩子处在婴儿时，大脑还未发育成熟，因而，他还不能接受具有思维意识的能力训练，但这并不是说对婴儿的任何训练都是毫无意义的，而且，这一时期，抓紧对婴儿的感官训练恰恰是极为必要的。

孩子婴儿时期的潜在能力，如果不能较早地利用和开发，就有可能永远失去发展的机会。所以，我选择从卡尔的耳、目、口、鼻、皮肤这五个器官进行针对性的训练，以作为增强大脑发育的开始。

人类感知外界的生理基础在于听觉、视觉、味觉、嗅觉、触觉，所以充分刺激孩子的这些感觉器官可以促使孩子大脑的潜能得到充分发掘，最终成为一个敏锐聪慧的人。

由于婴儿的听力往往比视力发展得要早，所以在孩子的五官训练中首先要培养他的听力。母亲的歌声或朗读声对训练孩子听力的作用非同小可。卡尔在这方面很幸运，因为他的妈妈有一副好嗓子。卡尔还是个胎儿的时候，就经常可以听到母亲那美妙动听的歌声。我虽然不会唱动听的歌曲，但是却经常给孩子朗诵诗歌。

卡尔只有 6 周大的时候，我就常常给他朗读诗歌。每当我朗读诗篇时，卡尔就会立刻安静下来，有时候他会随着诗歌的语调变化作出相应的反应。当朗读到威吉尔的诗《艾丽绮斯》时，卡尔就会马上兴奋起来，当读到马克利写的《荷拉秋斯在桥上》时，他又立即安静下来。事实上，给孩子朗读诗歌是一个不错的听觉训练方法，卡尔有很强的记忆力，朗读和背诵才能都是与我们注重开发他的听力分不开的。

此外，我还注意培养卡尔的乐趣，为此我特意买了 7 个小钟，分别能发出乐谱上的 7 个 C 调标准音，我在小钟上面分别系上红、橙、青、蓝、紫、黄、绿七色发带作为标记，分别以不同的颜色为它们命名。每当卡尔睡醒后，我都会轻轻地敲这些钟给他听，并且将钟拿到孩子的眼前慢慢地左右晃动，来吸引他的注意力。这种方式很好，当卡尔还不到半岁的时候，已经可以准确地依照我指定的颜色敲击这些小钟了，通过这种活动他对音乐和颜色的感觉得到了很好的早期训练。

训练视觉是开启孩子智力大门的重要一环。当卡尔出生只有两三周的时候，我就在他周围布置了各式各样、五颜六色的布制玩具。我经常摆弄晃动这些玩具以吸引卡尔的注意。我还经常用三棱镜把彩虹反射在墙上让卡尔看，看到彩虹后他非常高兴。

对于味觉的培养，可以给孩子各种味道的刺激。但是要注意的是，平时的饮食，还是应该以清淡的食物为主，不要过分辛辣，不要吃太多的糖和盐，因为吃过甜或者过咸的东西一旦养成习惯，对身体是非常有害的。而且，清淡的食物有助于让孩子始终保持灵敏的嗅觉。

卡尔在出生两个月之后，就可以自己抬起头来了。于是，我就用手轻轻地推着他的小脚教他爬行。俯卧是最适合婴儿活动的姿势，所以一定要尽早教会孩子爬行。孩子在爬行的时候，小脑袋就必须抬高，这样会促使颈部的肌肉得到锻炼，同时他能够自由地观察周围的事物，因此，爬行增加了受到各种感官刺激的机会，可以更好地促使孩子的大脑发育，让他变得聪明和灵活。

对观察能力进行培养始于孩子的视力发达起来之后。有几个简单的方法，比如借助丰富多彩的颜色来吸引孩子，建立孩子的观察习惯。

我在小卡尔的房间墙壁上挂满了各种名画的摹本。卡尔刚开始只注意到画的色彩，后来他慢慢地明白了画中的意思。

为了更好地培养小卡尔对色彩的感觉，我买来了色彩鲜艳的美丽小球和一些穿着五颜六色衣服的布娃娃，用这些小玩意儿来跟孩子一起做游戏。这里，需要提醒各位家长的是，色彩的培养如果不从小开始，那么孩子长大以后对色彩的感觉就很不敏锐。懂得这一点非常重要。

在我和卡尔经常玩的游戏中，蜡笔是一个重要的道具。我拿来一张白纸，先从一点开始用绿色的蜡笔画一条长线，然后小卡尔也要挑出绿色蜡笔，画一条与前一条线再画一样长的线，他也得跟着用相同颜色的蜡笔在他画的线后面接上一条同样长短的线。连续这样画，谁用错了颜色，谁就输了。这一游戏的有趣之处就在于既锻炼了动手能力又使他准确地识别不同的色彩，提高了他对色彩的感知能力。

在卡尔会走路时，我经常带着他出去散步，一边散步一边教孩子注意观察周围事物的色彩，比如花朵树木的颜色、天空的颜色、建筑物以及人们衣服的颜色等，这些无疑让孩子的色彩感觉变得更加敏锐了。

在卡尔出生6周的时候，我给他买来了一些五彩斑斓的气球并用绳扎在他的手腕上，于是气球就会随着孩子小手的上下摇动而不时地摆动。我每个星期都给他换另一种颜色的气球。通过这种轻松愉快的游戏，我很容易地就教会卡尔蓝的、绿的、粉的、圆的等形容词，而且小卡尔很乐意接受这种学习方式。

要培养孩子的观察能力，就要让他多动手，而动手总是从模仿开始的。因为婴儿要花费较长的时间来认识自己的手，只有让孩子看到你的手在做什么，才能让他尽早地知道自己的手。每次当小家伙睡醒张开小手的时候，我跟妻子赶紧塞给他一些东西，平时为了让孩子的手指得到活动，我们常常让他抚摸一些物品和轻轻地拍手。我常常诱导卡尔观察我的手，让他明白手有很多功能。当我拿着小铃铛晃动的时候，小卡尔也会跟着高兴地挥舞着胳膊。当卡尔八九个月大的时候，我拿着一支蜡笔和一张纸，也让他拿着一模一样的东西。当我在纸上绘画时，小卡尔也用笔在纸上乱画。其实他并不知道该怎么画，什么东西也没有画出来。但是，这时候卡尔通过自己的观察已经开始发挥手的作用了。

当我对卡尔做这些训练的时候，我不会强迫他去做任何事情。很多家长总会或多或少地强迫孩子做一些事，我非常反对这样做，孩子应当自然地发挥他的潜力。我之所以对卡尔进行各种能力训练，是为了很好地利用和开发他的潜力。对孩子施行这些教育，从小就做一些有利于今后成长的活动。

模仿写字是教育孩子的好机会

◎ 卡尔·威特教育箴言

孩子天生地爱模仿，家长可以抓住孩子的天性，利用自己读书写字的机会，引导孩子学写字，并进一步让他养成写日记的好习惯。

模仿的能力是孩子天生具备的，可以说，孩子在后天所掌握的各种本领除了父母和学校教育外，多数就是通过模仿而来的。然而，模仿需要有样本，同时为了孩子的健康成长，父母要做好有益和有助于孩子成长的模本，比如：让孩子学习你写字的样子和本事。当我写字的时候，我不躲避小卡尔也不怕他干扰我，这样，他也学着我的样子写字。我认为，这正是我教他正确写字的好机会。刚开始学习时，小卡尔有点笨手笨脚，甚至把墨水瓶给弄翻了。后来，在我的耐心辅导下，他很快学会了用笔。

在孩子掌握了正确的用笔方法之后，我开始教他写自己的名字。当4岁的小卡尔能正确写出自己的名字时，我和妻子都惊喜不已。在我们的鼓励下，小卡尔学习写字的热情不断地提高，工夫不负有心人，不久，他不但能写出漂亮的名字，还能照着我为他选定的童话故事写字。我们在住旅店登记的时候，会让他写上自己的名字，看着小卡尔优美的签名，那个旅店老板也惊讶不已。

当孩子能认识足够多的字的时候，写日记是一种很好的习惯，对孩子来说，他可以记录自己的成长趣事；对父母来说，他们可以记录孩子成长中的各种情况和心得体会，为今后的家庭教育提供一定的参考。因此，在小卡尔4岁的时候，我就让他养成了写日记的习惯，这既是他快乐童年的记载，也能锻炼他的语言能力。

父母写育儿日记的内容很丰富：父母教给孩子的各种知识，孩子的各种行为表现，孩子的兴趣，父母对孩子的奖惩等，通过育儿日记，父母可以掌握孩子的成长情况，对自己的教育进行反思，进而更加有效地教育孩子。

虽然，父母写育儿日记看着很烦琐，但也充满了趣味。只要父母对自己的孩子足够用心，就会更加关注孩子成长的细节，通过记录孩子的成长，不仅可以享受到为人父母的乐趣，而且能更加有的放矢地教育孩子。

无可否认，不管成年人，还是孩子，都有一定的惰性，育儿日记能对父母起到一定的督促作用，它可以让父母将正确的育儿方法继续实行下去，及时改正错误或不当之处，增强父母的责任感，提高教育孩子的水平。

在玩耍中锻炼孩子的能力

◎ 卡尔·威特教育箴言

对孩子来说，兴趣是启蒙者。只要能激发出孩子的兴趣，就等于打开了孩子智力迸发的闸门，并达到提高、扩展效果。游戏能很好地发挥这样的作用，就是教育孩子的理想方式。

通过早期教育我让卡尔比同龄孩子更加聪明伶俐、反应更快，其他能力也更强。而这些成绩的取得，多数是卡尔通过做游戏得到的。

其实，游戏可以说是动物的本能。拿生活中常见的小猫和小狗来说，小猫总是追逐着老猫的尾巴，这是老猫在锻炼小猫的捕鼠能力；小狗和大狗嬉戏，追咬大狗，是大狗在训练小狗的捕猎能力。可见，动物就是运用游戏的方式来训练它们后代本领的。

在卡尔6个月的时候，我就开始用游戏的方式来教育卡尔。我把白纸贴在孩子房间的墙壁一米高的地方，然后再把用红纸剪成的数字和文字贴在白纸上。我把白纸分成几个区域，一个区域贴上猫、狗、猪、帽子、椅子等名词的单词，在另一个区域贴上数字，在第三个区域画上乐谱图。

由于婴儿的听觉比视觉发达，于是，教卡尔学习基础字母时，我是从听觉方面开始的。当我用手指着ABC的时候，他的母亲就唱字母

歌给他听。刚开始的时候，他对此的兴趣似乎不大，但我和妻子并不气馁，一直坚持教他认识字母，让他听字母歌。经过这样的长期训练之后，卡尔对字母有了深刻印象，后来教他认字时变得容易多了。

为了激发卡尔识字的兴趣，我买了很多有趣的儿童书和画册，每晚讲一些故事给他听，并告诉他，如果想要知道更有趣的故事的话，就要学习识字；认识字了，就可以自己看故事了，这样就激发起他强烈的识字热情。如果他想学习识字，我就会耐心地教他。

为了帮助卡尔识字，我买来德语字母印刷体铅字、罗马字和阿拉伯数字等，再把它们贴到大概 10 厘米宽的木板上，通过做游戏的方式来教他认字。我具体是这样教他的，比如学习“猫”这个词，我先让他看到画册中猫的形象，同时教他猫这个词的拼法，然后指着墙壁上猫的单词，反复地发音给他听。接着，我拿出猫这个词的所有字母，再用它们组成猫的单词。在整个过程中，我们都是以游戏的方式进行的。在卡尔学习的过程中，我循序渐进地进行教他，在他取得了一定的成绩时，会给他适当的鼓励和表扬，让他从识字开始就打好基础。

为了让卡尔多认识各种事物，我会把标有各种事物名称的图片贴到房间各处，让他随时随地都看到它们，加深对这些事物的印象。这些方法很有效，他认识的字日渐增多，并逐渐掌握了读法，从而掌握了更多的词汇。他在学习标准德语的基础上，读书对他来说就不是什么难事了。

让孩子通过游戏感受生活的乐趣

◎ 卡尔·威特教育箴言

父母可以与孩子做各种游戏，让孩子在游戏中获得快乐，增长知识，体会到生活的乐趣。

一个人是否能愿意对社会做出贡献，在很大程度上取决于他对生活是否热爱，是否知道感恩，而人的这种情趣的养成，也是从小开始的，并且与从小做游戏关系密切。种种迹象表明卡尔是个热爱生活的人。

在教育卡尔的过程中，我和妻子都很关注方法和过程，我们选择让卡尔在各种游戏中增加知识，通过这一方式还能让他体会到生活的乐趣。

卡尔的母亲经常跟孩子做一些有趣的游戏，他们分别扮演各种角色。比如，“家庭主妇和厨师”的游戏，在我们有目的的给孩子买来炊事玩具后，我妻子会教他使用方法，她充当厨师，卡尔充当家庭主妇，因为厨师要听家庭主妇的指挥，卡尔很喜欢家庭主妇这个角色。当然，如果谁出错了，就要调换角色，如果卡尔发布的命令有误，他就要充当厨师，听从母亲的指挥。这种调换角色的游戏充满了趣味性和挑战性，为了在游戏中赢得胜利，卡尔总是小心翼翼，总能利用各种方法，“保住”自己的“家庭主妇”地位，对母亲发布各种命令。

他们有时还玩“老师和学生”的游戏。我妻子充当学生，卡尔充当老师，当“学生”故意犯错时，卡尔也会发挥“老师”的权威，像平时母亲教育他一样教育他的母亲。通过这些游戏，卡尔积累了很多成功的经验，增强了自信心。

卡尔的母亲经常选取一个生活片段或某个历史情节，和卡尔一起玩演戏的游戏。他们还做旅行游戏，让卡尔在快乐的游戏中，掌握更多的地理和历史知识。

我有时会跟卡尔玩“将军和士兵”的游戏，不管充当哪个角色，卡尔都会很认真地把这个角色演好。在类似的游戏中，他都能根据自己的理解塑造角色，扮演过各种职业、年龄和性别的人。

通过对这些角色的把握，也使卡尔了解了不同的职业人的特点，也更加地了解和热爱生活，提高了对生活的乐趣。

为了促进卡尔感受生活的乐趣，我还设计了一些积木给他玩。有一次，他费了好大劲才用积木建起了一座大城堡，城外还架了一条精致的小木桥。他兴奋地站起来叫我过去看，但一不小心，把自己的作品碰倒了，转眼间，那些美丽的建筑变成了废墟。他难过地对我说：“爸爸，都怪我太粗心了，我刚才建的城堡可漂亮了！”我摸着他的头，对他说：“孩子，别难过，你想想，既然你能建成那么漂亮的城堡，并且一次就把它建成了，不妨再建一次，爸爸相信通过你的努力，肯定会比第一次建得更好！”

听了我的话后，卡尔又重新操作起来。在经过了一番努力之后，那座结构复杂的城堡终于又一次建成了。看到他的劳动成果，很高兴，我认为如果卡尔没有很深的热爱生活的热情，他是设计不出这样漂亮的城堡的。

看到我高兴的表情，卡尔自豪地对我说：“爸爸，我第一次的建造有几处不好看，结构也不够结实，我这次建造得比第一次更漂亮了！”

我高兴地说：“孩子，它确实很漂亮，看得出，你花了很多心思！”

在和孩子做游戏的过程中，要注意方式方法，最好能激发出他对真、善、美的认识和把握，在游戏中提高孩子对生活的热爱。

生活中，卡尔的玩具虽然有限，但我和他母亲总是想方设法和他做各种有趣的、有益的游戏，他在这些游戏中，既获得了无限的快乐、观察能力、判断能力、组织能力、想象力等也得到了有效的提高。

第三章

采取正确的教育方法

很长时间以来，我一直在想，对于孩子而言究竟是以多大年龄开始教育为好的，可能不止是因为年龄的原因，而是教育方法上的问题。尽管孩子很小，在表面看起来，他才只会吃奶，可是，只要教育方法得当，适合他的接受能力和兴趣，这种教育方法无疑就是正确的。

语言教育要尽早

◎ 卡尔·威特教育箴言

语言培养的最佳期是在孩子3岁以前，要想让孩子具备优秀的语言能力，就要尽早抓住这一黄金阶段。

语言培养的最佳期是在孩子3岁以前，要想让孩子具备优秀的语言能力，就要尽早抓住这一黄金阶段。

我一直都认为，要培养出优秀的孩子，教育越早越好，那么，要早到什么时间呢？我认为在孩子出生两周后就应该开始了。当我提出这一建议时，很多家长感到非常的惊异，觉得这似乎不太可行。我得承认，每个父母都深爱着他们的孩子，对于上帝赐予他们的礼物，不少家长已经尽可能地提供条件让孩子健康的成长，但却忽略了挖掘孩子智力方面的潜能。其实，只要留意就会发现，即便刚出生的婴儿，就已经能对周围的声音很敏感了。这种反应说明了对孩子进行早期的语言教育是完全可行并且十分必要的。我建议，在孩子刚开始识别事物的时候就教他说话，孩子两周大的时候就开始教他学习词汇。

语言培养的最佳期是在孩子3岁以前，想要孩子尽早懂得语言，家长就必须明白这一点。人类越早学习语言越好，因为语言不但是学习知识的工具，同时也是思维的工具，如果不具备这种工具，很难想象孩子能学到足够的知识。如果你的孩子可以在6岁前准确地使用语

言，那他的智力发展速度一定是普通儿童望尘莫及的。

我的小卡尔在两周大的时候，我就对他进行语言准备训练，我先在他的眼前伸出手指头，没想到小卡尔看见后马上就想要抓住它。起初，他因为看不准而总是抓不住，到后来他费了很大劲儿终于抓到了，他感到很高兴，就将我的手指放到他的嘴里吃起来。在这种情形下，我就用清晰又亲切的声音反复告诉他："这是手指。"

当小卡尔刚开始有辨别能力时，我和妻子就拿一些物品给他看，并且用温和清晰的语音重复物品的名称。通过这样的方式，没过多久，小卡尔就可以清晰地发出这些物品名字的音了。儿童学语言不能离开说，同样也离不开用耳朵去听。父母要给孩子提供说的机会，也要营造听的环境。而在进行这些教育的时候，一定要有足够的耐心。

到孩子6周大的时候就会对他人说话的声音有明显反应。如果在这一阶段，照顾孩子的人沉默寡言，或者根本不答理孩子，这对孩子来说是很不幸的。有句谚语说："像婴儿一般自言自语"，没错，婴儿并不总是在成人说话时他才开口说话，很多时候他常常会自言自语。家长应当把握住这个良好的时机，不要认为此时的孩子什么都不会，其实不然，他对听说都已经有了感知，所谓的潜力就包括这样的认知，此时应尽量多跟孩子谈话，以此来提高他的听说能力。

我们对小卡尔进行这方面训练的时候，我们有时是跟他谈话，有时候会轻声地给他唱歌。当孩子的眼睛注意到床上悬挂着的彩色纸花时，我会用手指着纸花，并且耐心地重复地告诉孩子："红纸花，蓝纸花。"如果我正在工作，也会用亲切的声音跟孩子谈话，告诉他我正在做些什么。有一点应该注意，家长对孩子说话的语言要清晰准确，并且要缓慢地重复。尽管此时孩子还不能与你对话，但你不断地重复，就会在他的大脑里打下印记，如果孩子对你的谈话报以微笑、摆手踢脚等一些表示，你就应该马上给予他鼓励和回应。如果孩子开口叫出"妈妈"或者"爸爸"时，你就应该趁热打铁让他保持说话的热情，并且尽量鼓励孩子说话，你甚至可以教孩子讲故事、唱儿歌，总之为孩子提供一切说话的环境和机会。尽管你是单方面的，但坚持长久，对孩子的影响是有着意想不到的效果的。

教育从语言训练开始

◎ 卡尔 · 威特教育箴言

1 ~5 岁是人类最富有语言才能的时期，因此父母们一定要抓住这个最好的，可以收到教育上的事半功倍的最佳时期，不能白白错过。

对孩子要进行的任何一项教育都要通过语言的交流来进行，所以对孩子的教育首先要从教授语言开始，1 ~5 岁是人类最富有语言才能的时期，我对卡尔所进行的语言训练获得了成功，至少可以证明这一结论在卡尔身上是正确的。但是，确定最佳的教育时间段只是成功的第一步，最终的成功还需要正确的训练方法，以小卡尔的教育为例，我主要注意了以下方法：

第一，要教孩子纯正的发音。

在教小卡尔的时候，从他发出第一个简单的语音开始，我就耐心地教他“Ma – Ma”“Fa – Fa”等发音。我教小卡尔说“Fa – Pa”时，如果他回应了，就算是说得不太标准，我也会鼓励他。但最终我要纠正他，如果孩子说“Ma – Ma”时父母却听成了“Mo – Mo”并加以鼓励，时间长了孩子就会出现发音上的混乱。这对以后学习是不利的。

一般在卡尔睡醒一个小时后，我会与他开始一个有关发音的游戏，因为这时候孩子的情绪状态是最好的，因此效果也就会更好。家长要注意发音的时候要跟孩子进行充分的交流，我跟妻子教小卡尔发音时，都让孩子看着我们的脸，最好是可以让他看到我们嘴唇的动作。父母在教孩子简单发音时，要简洁明快地来数孩子发出纯正的音，切忌用方言，不要啰哩啰嗦。

第二，就地取材。

对于教孩子学外语一事，可能有许多父母会说：孩子这么小，连母语都学不全，还学外语是不是太虚幻了，绝不是虚夸，我有小卡尔可以做证，但有难度也是肯定的。学习外语往往需要记很多单词。有一段时间，我下定决心要学好英语，然后来教小卡尔。于是我背了许多单词，但是却常常随记随忘。后来在学习的过程中，我总结出一条经验：通过阅读有趣的图书来记忆书中的单词，这样单词就记得又多又牢。因此，父母想丰富孩子的词汇，不能采用填鸭式的强制灌输方法，这样会使孩子产生厌倦情绪。

为了丰富小卡尔的词汇，孩子看到什么，我就教他什么。我经常通过教他室内的装饰、桌上的摆设和院中的花草等一些事物来教他新单词的语音和意思。等卡尔稍微长大一点后，我和妻子就抱着他开始教他身体的各个部位的名称。

当我们每天晚饭后散步时，在路上我不管看到什么事物都给孩子讲解，并且还有意识地让孩子注意看那些行人、房子、马车、树木和美丽的花草等。小卡尔对外面的世界充满好奇，一出门就不停地问这问那，咿咿呀呀地说个不停，在语言方面的进步十分迅速。在教育孩子时，要循序渐进，先易后难。只要每天让孩子持之以恒地练习，肯定会有收获。

第三，给孩子讲故事。

给孩子讲故事是一项非常重要的方法，当小卡尔可以听懂话的时候，我和妻子就每天给他讲故事。因此通过讲故事来培养孩子对这个世界的亲和力，而且讲故事还能够锻炼孩子的记忆力，启发想象和增长知识。如果家长在传授知识的时候只是一味死板地教，孩子感觉不到学习的兴趣也就不容易记住。

我除了给孩子讲故事，还选择一些好书读给他听，《圣经》是最好的选择。教孩子学好语言的最好的办法就是家长用清晰的声音念故事给孩子听，并让孩子复述一遍，这样往往能达到良好的讲故事效果。

在小卡尔还不会说话的时候，我妻子就给他讲一些罗马、希腊、欧洲等各国的神话和传说。等小卡尔会说话以后，母子俩就相互提问神话故事内容。在我们向小卡尔讲圣经故事的时候，有些故事还让他复述。这样经常对孩子进行生动的教育终于取得了令人满意的成果，卡尔只有 5 岁的时候就已经记住了 3 万个词汇，这样的成绩甚至令一个十几岁的孩子也望尘莫及。

第四，丰富孩子的词汇。

增加孩子的词汇量是语言教育最重要的一环。我和妻子一直都很重视小卡尔的词汇训练。只要是孩子还不认识的事物，我们都不用“这个”或“那个”之类的代名词来告诉他，只有小卡尔已经懂得了的事物，才教他用代词来说。在给孩子讲道理的时候，对于遇到的一些不明白的词汇，我都是随时耐心地给他解释，决不会敷衍过去。卡尔还很年幼，给他解释那些比较难的词汇，他也不一定能完全听明白。但是这样做的目的并不是让他立刻就明白或者记住，我是要用解释词汇这种行为本身来教会孩子学习的方法和态度。如果家长在教授知识的时候碰到难题就躲开，就会让孩子养成不求甚解的不良习惯。

在德国，有很多脍炙人口的童谣，我和妻子从孩子很小的时候就开始教给他这些童谣，并且让孩子牢牢地记住它们。由于这些童谣音调动听、容易记忆，对丰富孩子的词汇很有帮助，同时孩子的智力也得到很好的发展。

第五，教会孩子说完整的话。

由于孩子学半截词汇或代名词会比较容易，因此不少家长总喜欢教孩子说迭声词。比如，将吃饭说成“饭饭”，将小猫小狗说成“喵喵”或“汪汪”之类的话。我很不赞成这种做法，不完整或者不确切的语言对孩子的语言发展是不利的，这是家长尤其要注意的一点。

其实，如果家长缓慢地、清晰地教一个大约两周岁的儿童说一句完整的话，孩子是能够说得出来的。作为父母，如果故意不教给孩子本来能够学会的东西，这样的做法对孩子学好语言是不利的。如同一件物品，如果你不去使用它，你就很难去评价它的作用和价值。同理，家长如果不教给孩子他们本来完全可以掌握的东西，孩子的天赋就得不到良好的发掘，这恐怕是教育上最让人遗憾的事情了。

再进一步讲，家长如果只是教幼儿说“喵喵”或者“汪汪”这些不规范的词汇，虽然对孩子来说可能要容易一些，但这种教育方法本来就会给他们形成隐患。因为，完整规范的语言是孩子早晚要学的课程，那些不完整的语言是孩子以后肯定要用完整语言取代的。让他们学说两种表达方式，就必定给孩子造成负担，这种教育方法显然非常不适合。孩子完全能够用这些被浪费的精力去学习一些别的知识。

此外，教孩子说不完整的语言还会产生很多不利影响，不少孩子到了十几岁，有的到了成年还发音不清楚，这完全是教育不当的结果。老师在学校里为了纠正学生不正确的发音，所付出的教育比他们用于正常教育所费的时间还要多。毕竟，教授孩子新知识比纠正孩子已经形成的不良习惯要容易得多。

由此可见，正确地运用语言意味着孩子可以正确地思考问题。如果让孩子从小就用不正确的语言说话，那么很难想象孩子的大脑会得到良好的发展。我从卡尔出生后，就尽量对他说优美标准的德语。因为有些话的意思，只有用俗语才能够表达得更贴切完美。因此，在教授孩子语言的时候，我并不排斥教给他一些书本上没有的俗语。不过我肯定不会教小卡尔说不完整的语言。

工夫不负有心人。我对小卡尔这种完整的语言教育方法已经收到了显著的效果。有一次，一位朋友来我家做客，他对还不到一周岁的小卡尔说："卡尔，你的喵喵可真漂亮啊。"听完，小卡尔马上就纠正说："叔叔，这是小猫不是喵喵。"听了卡尔的话，这位朋友感到非常惊讶。

第六，准确的用词发音能让孩子的头脑更加清晰。

在语言训练过程中，我认真耐心地教孩子学标准德语，对每个词汇都要缓慢清晰地发音。只要小卡尔的发音正确，我就会高兴地摸着他的小脑袋说："很好！很好！"如果小卡尔发音不准，我们就采用激将法。我就会对孩子的母亲说："你听到了吗？卡尔刚才这句话的发音不准。"于是孩子的母亲马上就会持怀疑的口吻对我说："真的吗？我的孩子连那句话都说不好？"在我们的恰当激励下，卡尔的发音就变得很标准。

我有这样的信条：清晰的头脑，要有准确的词汇。因此我不仅仅只让小卡尔停留在儿童式的表现方法上，还要逐渐地教他理解和运用复杂的词语，并且要求他的措辞要尽量生动准确。

为了做到这一点，教育者必须有所共识，我和妻子坚持使用规范的发音和恰当的词汇，配合相当默契。不仅是我和妻子两个人做到这一点，就是对佣人们，我都严禁他们说土语和方言。这是因为佣人们跟小卡尔的接触很频繁，孩子很容易受到他们的影响。

毕竟，土语和方言跟标准德语在读音上的差别很大，而且它们在语法上也不太标准规范。小孩子在这种语言环境中很容易受到一些不良影响，这样会让他在学习标准语言的时候感到有困难。孩子要克服这些困难是需要花费时间的，如果一旦过了学习语言的最佳时机，那么就难以克服语言的毛病了。我让孩子记住标准的德语，孩子只要可以记住标准的读法，他就能够轻而易举地读懂书上写的东西。

为了让孩子能说一口流利的标准德语，有时候我们不得不做出一些牺牲。我们家有一个老仆人，他勤恳忠心地为我们服务了几十年。他总是说土语，平时，我们听惯了，也不在意，但小卡尔出生以后，我要求他讲标准德语。但是这位老仆人习惯了讲土语，标准德语怎么也讲不好，常常说得四不像。因为小卡尔当时正处在学习语言的关键时期，我只能迫不得已地让这位老仆人回家了。

在对孩子教授语言时，语法是相对不重要的。事实上，我并不太注重教授孩子的语法，我觉得对儿童来说这真没有多大必要。因此，在小卡尔 8 岁以前，我从未正式教他学习语法，仅是通过平时的听和说来学习。但对此我要补充说的是，这只是我的做法，并不是学校的要求。

其实儿童都非常喜欢说话，他们年纪很小的时候，就经常独自将学到的单词反复地说着玩耍。我就合理地利用儿童的这种倾向，将小卡尔能够懂得的有趣故事，用词句编成短小精悍的文章来帮助他记忆。通过这种方法，小卡尔不但可以很快地记住，而且常常高兴地复述着。后来，我将这些短文译成各种外语让他说，他同样可以很快地记住。

教孩子学习外语的五大方法

◎ 卡尔 · 威特教育箴言

只要方法得当，对孩子来说，学习外语并不比学习本国语言难。

为了让我的小卡尔能够更多地了解社会和历史，并积极进行思考，在语言培养方面，我打算尽快让他掌握一门外语。我采用了循序渐进的方法，在他基本掌握了德语的基础上再学习相近的外语。在小卡尔6岁的时候，他已经可以运用德语自如地阅读了，这时我开始教他学习法语。由于教育方法得当，加上扎实的德语知识，仅用了一年时间，小卡尔就能轻松阅读法语书了。他接下来又开始学习意大利语，仅用了半年的时间就完全掌握了。

一般来说，在学校里学习外语都是从拉丁语开始的。但我却是在卡尔掌握了德语、法语、意大利语之后，才开始教他拉丁语。为了激发他的学习兴趣，我做了很多准备工作，我先把威吉尔的《艾丽绮斯》以故事的形式讲给卡尔听，让他领略优美的文体和高超的思想精华；还告诉他学好拉丁语是成为一位优秀学者的必要条件。

在卡尔7岁的时候，我经常带他去参加莱比锡音乐会，有一次，小卡尔指着印着歌词的简介跟我说："爸爸，这是用拉丁语写的。""不错，你知道上面是什么意思吗？"我抓住时机启发他。小卡尔从已经掌握的德语和意大利语中，大概能知道歌词简介的意思，高兴地对我说："爸爸，我觉得拉丁语也不是很难，我想学习一下！"

看来，小卡尔学习拉丁语的时机已经成熟了，于是，我就着手帮他学习，他仅用了9个月的时间就完全掌握了拉丁语的知识。接下来，他又用3个月的时间来学习英语，然后用6个月的时间来学习希腊语。

卡尔学习希腊语的过程是这样的：为了让他掌握常见的希腊语单词，我给他制作了希腊语和德语互译卡片；掌握了这些单词后，他就开始阅读，先后读了《伊索寓言》和《从军记》。当时，我们没有希德词典，所以，在小卡尔遇到不认识的单词时，他只好来问我，不管我当时的工作有多忙，都会抽时间耐心地给予解答。就这样，卡尔又相继读了《苏格拉底言行录》、《宝典》、《哲学家列传》以及希罗多德的历史学巨著等。在卡尔8岁的时候，他已经学完了所有这些语言，并完全可以读荷马、西塞罗、奥夏、席勒等德、法、希腊、罗马、意大利各国著名文学家的作品了。

当我讲到小卡尔的这些学习成绩后，很多人都认为我是在讲《天方夜谭》故事，但事实却是小卡尔却在这么短暂的时间里真的全都掌握了，很多人认为其中肯定有什么特别的方法。关于这一点，我是承认的，下面我就将其中的奥秘告诉大家：

第一，利用倾听来激发孩子学习外语的兴趣。

以学习拉丁语为例，它是许多学科研究的基础，但也是许多学生很头疼的一门语言。学校教授拉丁语的方式往往过于教条，图表和规则等教学方式让学生很厌烦。要想打好学习拉丁语的基础，就需要在婴儿期采取恰当的方式进行引导。

我的方法很简单，就是让小卡尔倾听。婴儿期的孩子听觉能力优于视觉能力，于是我就利用听的办法来教小卡尔学拉丁语。每当小卡尔睡醒的时候，我就用缓慢清晰的语调给他读《艾丽绮斯》，这些优美的叙事诗也是很好的摇篮曲，他每次听着听着就会安然入睡。没过多久，他就可以流利地背诵《艾丽绮斯》了。

第二，在记忆的同时多练习。

通过语法来学习外语的方式只适合于成年人，对孩子则需要培养他在记忆的同时多练习的方法，在孩子学习本国语言的过程中，这种方法尤其有效。

在教小卡尔学习外语的过程中，我先从一些简单的诗歌入手，这些简单的诗歌不仅容易记忆，而且能让他对这种语言有一个感性认识。在他掌握了一些基本知识后，我就要求他在日常生活中运用这些知识。我教他什么语言，就用什么语言跟他对话。在他碰到不会说的地方用德语向我求助时，我总是鼓励他用外语想出表达的办法。与此同时，我还让小卡尔阅读一些所学语言的书，当他碰到不认识的单词时，我就让他去查词典。随着学习的深入，小卡尔查词典的次数越来越少，这门语言掌握得也越来越熟练。

鼓励孩子跟所学外语国家的孩子通信，也是不错的学习方法。刚开始时，小卡尔是跟我的一些外国朋友的孩子交往，他在学习希腊语时，开始慢慢地跟希腊的朋友通信。在小卡尔收到第一封从希腊寄来的回信时，他兴奋极了，并对希腊产生了更加浓厚的兴趣，读了很多关于希腊的书。接着他又跟英国、意大利的孩子通信，并由此对这些国家的风俗习惯、历史地理产生了浓厚的兴趣。小卡尔在与这些外国朋友通信的过程中，既提高了自己的外语水平，也增长了许多见识。

第三，用不同语言阅读同一个故事。

我的小卡尔有一个喜好，他愿意多次听同一个故事。鉴于此，我在教他外语的时候，鼓励他用不同语言去阅读同一个故事。以《安徒生童话》为例，我让他用德、英、法、拉丁、希腊、意大利等语言来阅读。事实证明，这种方法特别能加深孩子对各种语言的记忆，对学习外语有很大帮助。

第四，要了解词语的根源。

在外语学习中，了解词语的根源以及发展变化是十分必要的。我从开始教小卡尔外语的时候，就让他了解一个词语的演变过程。以记住一个拉丁语单词为例，除了让他记住单词本身之外，还要让他掌握这个词后来衍生出的新词，从而对语言发展规律在宏观上有一个认识。

第五，利用做游戏加深语言记忆。

孩子的天性爱玩好动，同时，他们对语言的掌握能力也非常惊人，将玩与学有机结合，通过做游戏的方式让孩子更好地学习外语，是各种方法中最有效的一种。

这种寓教于玩的方式很受小卡尔的欢迎，在他刚开始学外语的时候，我用13个国家的语言教他说“您好”。我事先准备好代表13个国家的玩具娃娃，小卡尔每天起床后必须做的一件事是跟这些娃娃说“您好”。除此之外，我还通过拼词游戏、唱歌谣、猜谜语、编故事等方式，让小卡尔在生动有趣的气氛中，更好地掌握外语。

注重培养孩子多方面的兴趣

◎ 卡尔·威特教育箴言

从小培养孩子多方面的兴趣，既能让孩子拥有快乐的童年，又能为未来各项能力的发展奠定良好基础。

童年的生活应该是丰富多彩的，这会影响到他成年后的生活，比如说：影响他对生活是否热爱，小卡尔的童年也是如此。平时，我十分重视培养孩子多方面的兴趣。

培养孩子的阅读兴趣是家庭教育的一个重要方面。孩子第一次阅读的图书种类，往往决定了他今后读书的主要类型，这种阅读兴趣会对孩子的一生产生深远的影响，因此，父母在给孩子选择图书时，一定要慎重。

为了培养孩子的阅读兴趣，我想了很多方法，最常用的方法就是给小卡尔讲故事，这种方式对任何孩子都有效。每天的睡前故事既是亲子共享的美好时光，也可以丰富孩子的知识，让他更加热爱阅读。我在给孩子讲故事的时候，经常模仿故事中的主人公，让这个故事更有感染力。这样就会增强孩子对所听故事的专注，有时会随着故事情节的发展而表现出喜怒哀乐。为了让他体会阅读的乐趣，我会让故事在关键情节处戛然而止，小卡尔就会怀着强烈的好奇心赶紧去书中寻找答案。慢慢的，他对阅读的兴趣就增强了。

培养孩子对音乐的兴趣，这也是家庭教育的一个重要方面。歌德说："为了保持神赐予我们对美的感觉，我们每天都要听一会儿音乐，朗读一首诗，看一些画。"可见，培养孩子对音乐的兴趣有多么得重要。一般来说，唱歌可以让人心情开朗，那些性格内向、闷闷不乐的孩子可以通过唱歌，让自己变得快乐起来。

没有艺术滋养的生活是单调乏味的。因此，即使不想让孩子将来为成音乐家，也要让他懂得欣赏和感受音乐的魅力。为了让孩子的生活更加丰富多彩，父母有必要让他们具备音乐和文学的修养。

一个人在生活中如果能有音乐相伴，是很愉快的一件事情。而且，音乐对孩子的听力发展等有很大益处。为了增强小卡尔的听力，我特意买了 7 个小钟，分别能发出乐谱上的 7 个 C 调标准音，我把小钟敲给孩子听。随后，我就教给小卡尔乐谱的读法。为了训练孩子的听力，

我和小卡尔经常做“找东西”的游戏，当小卡尔快靠近要找的东西的时候，我就用钢琴轻轻地弹出低音；当他离要找的东西越来越远的时候，我就用钢琴弹出高音。通过长期的配合乐音的训练，小卡尔的听力得到了很好的锻炼。

大多数孩子对有节奏感的东西都很感兴趣，为了培养小卡尔的节奏感，在他还不会说话的时候，我就开始用手来打拍子给他看。后来，我给他买来小鼓和木琴，他逐渐具备了一定的节奏感。我还通过跟他玩弹钢琴的游戏，让他逐渐能够用钢琴的单音来弹奏简单的曲调。因此，小卡尔从小就习惯摆弄钢琴等乐器，只要我稍微给他一些帮助，他就可以自己打出各种曲调。

培养孩子学习音乐，一定要注意方法，如果只是一味地向孩子灌输音乐技巧，就会挫伤孩子学习音乐的积极性。一位朋友的孩子就是因为接受了片面灌输音乐技巧的小提琴教育，从此开始讨厌音乐。有鉴于此，在教小卡尔学习小提琴的时候，我会用钢琴来为他伴奏。因为采用了正确的方法，小卡尔始终对音乐抱有浓厚的兴趣，小提琴和钢琴都演奏得很好。

想方设法让孩子爱上数学

◎ 卡尔·威特教育箴言

要培养孩子爱上数学，要善于利用日常生活中生动有趣的游戏来进行，即寓教于乐。

应该说，儿童学习知识不像大孩子学习那样的有目的性，兴趣是儿童学习的主要动力，那么，儿童感兴趣的领域是什么呢？当然，与其他知识相比，动物学、植物学等更容易激起他们的学习兴趣，而数学非常抽象，这就需要通过改善孩子的思维能力来进行学习，所以，它就成为最难让孩子产生兴趣的学科。

小卡尔也不例外。起初，我用做游戏的方法教会了他认识数字、数数和数钱，整个过程还算顺利。但当教他乘法口诀的时候，小卡尔第一次对学习产生了厌恶情绪，即使我把乘法口诀编成了歌谣效果也不理想。

小卡尔当时在语言、历史、文学、生物学、地理学等方面的知识都很出色，远远高出他的同龄人，甚至超过了有些成年人。但数学却是他的薄弱环节，甚至连乘法口诀背不全。但，让孩子全面均衡地发展是我的教育理想，在数学上，小卡尔出现了偏科的倾向，我决定让他迎头赶上去。

在小卡尔学习数学的问题上，我虽然有些担心，但我并没有强迫他去记住那些乘法口诀。因为，一定要切记，强迫孩子学习的效果往往是不好的，还容易对孩子性格的发展产生负面影响。但当时对于如何教好小卡尔的数学，我也没有把握，于是，我决定拜请高人，经一位牧师朋友的介绍，我结识了罗森布鲁姆教授，他是一位具有高明的教学技巧的数学教授。

我把小卡尔学习数学的情况告诉了罗森布鲁姆教授，他对我说："孩子对不同学科的兴趣浓厚程度，会受到教育方法和教授者本身兴趣的影响。你自己对音乐、文学、历史、语言学、植物学等感兴趣，你就有兴趣将这些知识以生动有趣的方法教给孩子，因此你的孩子因受你的影响也就能学习。如果你自己很讨厌数学，当然就不可能生动有趣地去教孩子，也就导致他不喜欢学数学。可见，他对数学不感兴趣，并不是他片面发展，主要还是你的教育方法不得当。”

教授说完这番话后，又非常热心地教给我培养孩子数学兴趣的方法。

这位数学教授告诉我，首先要在日常生活中培养孩子学习数学的兴趣，比如说：在每次孩子吃水果后，可以让他数数水果种子的数量；你也可以各抓出一把豆子或纽扣，然后数数看谁抓得最多；还可以在孩子剥豌豆时，让他数数每个豆荚中的豆子的数量。

于是，我刻意跟小卡尔经常玩掷骰子的游戏，刚开始是用两个骰子玩。我们将两个骰子同时抛出，如果出现 3 和 4，就将两个数加起来得 7 分。如果出现 1 和 5、2 和 4 或者 3 和 3 时，就得 6 分，这时可以再玩一次，然后将这些得分记在纸上，玩 3 次之后计算总分决定胜负。时间长了小卡尔很喜欢玩这类游戏，因为这就是数学啊，我的目的达到了。但我仍然坚持遵循罗森布鲁姆教授的建议，每次做游戏不超过 15 分钟，以免让孩子因疲劳而影响这种兴趣。这种比较简单的游戏玩了 3 个星期后，我就将骰子增加到 3 个，最多的时候达到了 6 个。

为了增强小卡尔对数字的兴趣，我还时常利用一些米粒和纽扣等东西，把它们整齐地排列起来，按照一些乘法口诀分成相应的组数，让小卡尔去数纽扣和纽扣各有多少，并将结果记在纸上，然后再将这些结果做成乘法口诀表挂在墙壁上。这样小卡尔就很容易地理解和掌握了乘法的含义，更复杂的口诀也能用这种游戏方法迅速掌握。

为了让小卡尔能够在实际生活中运用数学知识，我和妻子还常常跟他一起玩“做买卖”的游戏。孩子当店主，我和妻子当顾客。小卡尔所卖物品的价格是按照实际生活中的物价来定的，我们使用的钱也是真正的货币。于是，我和妻子就经常到小卡尔经营的“商店”去购买各种东西，而且用货币支付，孩子也按照正规的价格计算应收多少钱，应找多少钱。

通过这些游戏，小卡尔的数学兴趣明显地增强了，他在后来学习算术、代数、几何时都很顺利，渐渐地，他深深地爱上了数学这门学科。

多带孩子接触大自然

◎ 卡尔·威特教育箴言

大自然是孩子们最丰富、最多彩的学习教材，只要父母们足够细心和耐心，完全可以通过自然教给孩子丰富的知识。

有人看到我们的小卡尔有这么丰富的知识，还能流利地使用多种外国语言，于是就问我，卡尔除了睡觉，是不是在吃饭、上卫生间的时候，都在学习啊，我肯定地告诉大家，小卡尔肯定不是个“书呆子”，每天除了看书，什么也不做。恰恰相反，小卡尔读书的时间比任何一个孩子都要少。而且他也不死读书，而是把很多时间都用在了玩耍和运动上。他是在愉悦中轻松地学习的外语、数学、化学、物理学、植物学和动物学的。

那么，我是怎样让小卡尔掌握的如此丰富的知识呢？关键在于唤起孩子对事物的兴趣，引导他提出相应的问题。

在小卡尔三四岁的时候，我帮他养成了一个习惯，每天早餐前去散步。在散步的同时，我会讲很多有趣的事情给他听。激发他的思维和想象力，让他总是随着我的话题，让自己的思维任意驰骋，一会儿谈到尼罗河，一会儿谈到斯巴达人攻打特洛伊城……在这样轻松的氛围中，小卡尔掌握了很多地理、历史知识。

更多时候，我们会在大自然中徜徉。看到野花，我会边解剖花朵，边给孩子讲解它各种部分的名称、特点和用途。如果偶尔遇到一只昆虫，我会抓住它，然后给孩子讲解这只昆虫的习性、身体结构等知识。通过细心观察大自然中的一草一木，小卡尔懂得了许多生动有趣的动植物知识。

大自然是最好的老师，自然界中的一切都可以成为教育素材，只要父母们足够细心和耐心，完全可以通过自然教给孩子许多的知识。

就这样，渐渐地，孩子掌握的知识领域越来越广泛，涉及地质学、矿物学、植物学、动物学、物理学、化学、天文学等。他对植物学的兴趣尤其浓厚，不仅采集了大量植物标本，还喜欢用显微镜观察各种东西，并且，写出了很多观察报告。我还给小卡尔讲了很多昆虫的习性，在得知毛毛虫能变成蝴蝶之后，他不再害怕毛毛虫了；在了解了蚂蚁和蜜蜂的活动规律后，他对它们的集体生活进行了细致的观察，并作了详细的记录。

生活中，许多父母过于骄惯自己的孩子，他们生怕教育过早会累坏孩子，其实，孩子的精力很充沛，让孩子投身大自然，对于开发孩子的潜力，释放他的精力是十分有利的。接触大自然可以陶冶孩子的情操，从而使他与自然更和谐地相处。经常接触大自然的孩子，不仅能呼吸到新鲜的空气，感受各种自然事物的美好，还能让他的身心更加健康。

为此，一有空闲，我就尽可能多地让小卡尔去跟自然界接触。在家里，我让他独自完成种植花草以及马铃薯等农作物。小卡尔每天精心护理各种花草，仔细观察它们的生长情况，常常乐此不疲。夏天的时候，我会带他到森林附近住几天，并教给孩子一些关于歌颂大自然的优秀诗篇，蓝天、白云、绿树、五颜六色的花朵、美丽的诗篇……编织成一幅绚丽的自然画卷。

通过对大自然的接触，小卡尔不但养成了热爱大自然的情结，也培养起了热爱小动物的情结，他养过两只金丝雀和一只小狗、一只小猫，并亲手精心地喂养着它们。

通过参观游览增加孩子的学识

◎ 卡尔·威特教育箴言

在教育上，除了让孩子学好课本外，还应注意通过各种途径满足他的好奇心，让他尽可能多地接触和了解各种事物，对孩子的全面发展大有好处。

孩子要掌握知识有两个渠道：一个是书本，一个是自然。即：书本外的知识，而书本外的知识的掌握，需要耳濡目染，而耳濡目染需要参观游学。

在小卡尔2岁时，我去任何场合几乎都要带着他，这样他可以和各种身份的人打交道，逐渐锻炼出优秀的社交能力。特别在他取得了惊人的成绩之后，经常要出入一些极其正式的场合，甚至还要接受国王的接见，他都能表现得轻松自如，给人留下良好的印象。如果整天埋头于书本，是不会有广博的知识的，由于接触的东西有限，也会使他的思维受到局限，这样的人很难获得更大的成功。

为了增加小卡尔的见识，我还经常带他到各种地方参观，我们的足迹遍布博物馆、美术馆、动物园、植物园等地。每次参观前，我会先给小卡尔介绍一些相关书籍让他阅读，在接下来的实际接触中，让他同时具有感性认识和理性认识。对他提出的问题，我总是尽量以通俗易懂的方式回答他，通过这样的交流，他积累的知识越来越多。

每次参观之前，我都会给孩子提出要求——在参观结束后，他要向我或者母亲描述一天来的所见所闻。为了完成我的要求，自然就要求自己在参观的过程要认真观察，细心倾听讲解。这样就会提高参观的作用，让孩子增长更多的见识。

此外，旅游也是增长孩子见识的好方法。在卡尔 5 岁的时候，我已经带他游览了德国所有的大城市。在旅途中，我们遍游名胜古迹、凭吊古战场、参观古老的城堡和教堂……在每结束一个游览场所后，我会让小卡尔将旅行中的见闻和感受写下来，待回到家后，向亲友们叙述。到卡尔 6 岁的时候，他已经成为洛赫附近见识最广的孩子。他后来将自己旅行中的见闻全部记录下来，编成了一本游记，大家读了之后，评价都很高。

作为一名牧师，我的收入微薄，为了能让小卡尔得到更多的知识，我们全家省吃俭用，尽量筹备旅行费用，只要能让孩子通过旅行获得更多的知识，即使住条件差的旅馆，即使旅途疲劳，我觉得也是值得的。有人认为，与其花钱带孩子去旅行，不如给孩子买书效果更好；还有人认为如果我不把那么多钱花在旅行上，也不至于拿不出卡尔上大学的学费。我不认同他们的看法，在开拓孩子视野和增长孩子的见识方面，我认为花再多的钱也是值得的。

总之，我认为在孩子幼年时，通过各种途径满足他的好奇心，让他尽可能多地接触各种事物，对孩子的全面发展十分有利，因此，在这些方面要舍得给孩子投资。我的小卡尔对魔术很着迷，很想知道魔术为什么这么神奇，于是，我就花了一大笔钱请魔术师来现场揭示魔术的秘密；他也很喜欢看关于海洋的书，在看了《马可·波罗游记》之后，他就非常向往大海。于是，我就带着他去了地中海海岸，当他第一次来到海边的时候兴奋不已。我们在海边拾贝壳、海星等，我给他介绍了许多海洋生物的知识；我们还在沙滩上玩“建城堡”等游戏，让孩子在快乐的玩耍中增长了知识，真是一举两得。这次旅行中，我带了地球仪，通过孩子对大海的接触，让他对地理形成初步的认识。我告诉小卡尔，地球仪上的地中海在什么位置，以它为参照，就可以知道五大洲四大洋的具体位置，从而在孩子头脑中形成世界地理的初步概念。

在教育卡尔的过程中，我始终认为博物游学的孩子见识广。那些整天足不出户、埋头读书的人，无法切实体会到生活的丰富多彩；只有走出家门，才能让人的思维更加灵活，见识更加广博，从而更有作为。

关于这一点，我希望所有孩子的父母与我有所共识。

在“贪玩”中让孩子得到教育

◎ 卡尔·威特教育箴言

爱玩是孩子的天性，如果对孩子的玩耍给予正确引导，就可以让孩子的观察力、注意力、想象力、实际操作能力等在玩耍和游戏中得到培养。

听我所发的教育孩子的感言后，有许多人指责我，这样让孩子学这学那，是不是我完全剥夺了孩子的玩耍时间。这可是对我的天大的误解，我深知爱玩是孩子的天性，我不但不会让孩子失去玩耍的时间，相反，还一直鼓励孩子玩耍，我知道如果对孩子的玩耍给予正确引导，就可以让孩子在玩耍中实现智力并发的目的。在跟孩子做游戏的过程中，孩子的观察能力、注意力、想象力、实际操作能力等都可以得到培养。

为了加深和巩固小卡尔对已学知识的巩固，我把知识和游戏结合起来，我经常会问他“这个动物爱吃什么食物”、“哪里不正确”等类型的问题。

为了培养小卡尔的记忆力、注意力等，我时常陪他一起玩耍。一般，我先让他看清桌子上放的东西，然后让他闭上眼睛，接着我调换物品，让他睁开眼睛，问他“以前的东西是什么”等问题。还有一种游戏是，我让他闭上眼睛仔细听我敲桌子、拍手等，然后告诉我敲击的数目。我跟他做这些游戏时，总保持耐心和细心，以孩子能接受的方式与他一起做游戏。

当然，我与孩子所做的游戏不是一成不变的，为了提高孩子的能力，我会适时增加游戏的难度。无论孩子的表现如何，我总是想办法鼓励他，让他胜不骄、败不馁。为了增强游戏对孩子的吸引力，在设计游戏时，我会充分考虑孩子的接受能力和理解能力，尽量让游戏生动有趣，并能激发孩子的求知欲和好奇心。

我建议所有的父母在给孩子设计智力游戏时，要根据孩子的实际水平和年龄特征等因素，设计难易程度相当的游戏。在小卡尔三四岁时，我主要用形象、实物和动作互相联系的方法来对他进行教育。随

着他的长大我就将游戏的难度加大，但要注意掌握尺度，增加的程度以他能够通过努力完成为准。另外，为了保证能让小卡尔做游戏的效果，我一般会在游戏开始前跟他讲清楚游戏规则，如果必要的话，我还会给他做示范。

观察能力是孩子智力和心理发展的一项重要能力，小卡尔的这一能力的增长，我也是通过鼓励孩子的玩耍而完成的。例如，我会让他通过“看”“听”“说”“做”“尝”等方式参与游戏，逐渐养成善于观察的习惯；带他去参加各种户外活动，切身体验丰富多彩的生活。

注意力对孩子将来的发展至关重要，如果一个人总是心不在焉，是很难取得成就的。因此，为了培养小卡尔的注意力，我会尽量把游戏设计得丰富多彩，富有趣味性，在游戏中，他就会全力以赴，乐此不疲。

记忆力在孩子心理发展的过程中，也具有十分重要的作用，它与孩子的个性、意志等有密切的联系。判断记忆力好坏的标准主要包括记忆的准确性、持久性、准备性和速度等方面。为了提高小卡尔的记忆力，我会从他过去感知过的事物着手，有针对性的准备各种丰富的游戏内容，让他通过记忆与过去的某个事物发生联系，提高事物出现的频率，逐渐强化他的记忆力。由于孩子的大脑中形象与语言的关系非常密切，我会通过语言描述，来唤起他对事物的记忆。

小卡尔的想象力和创造力也是我重点培养的内容。孩子起初会在模仿的基础上，根据自己的经历和知识，利用想象力和创造力构建自己的“世界”。在这个过程中，我不会对孩子进行任何限制，而是让他自己去构思策划、组织实施，解决遇到的问题，从而让他的创造力在整个游戏过程中得到充分的发展。在做游戏时，我和孩子尽量做到能相互配合，友好共处，通过这样的训练，孩子的协调能力也得到了提高。

很多对成年人司空见惯的东西，在孩子看来，可都是他们能够用来做游戏的内容，例如，下雨天可以挖河沟，下雪天可以堆雪人，泥土在他手里，也可以变成各种人物和动物。不管天气如何变化，都不会影响孩子的兴致，他会不知疲倦地玩耍。

小卡尔很小的时候非常喜欢玩“搭房子”的游戏。在这个过程中，他逐渐对前后左右、长短大小等概念有了初步的了解。在搭房子的过程中，他必须要手脑并用，有一定计划性，通过这个游戏，他的动手、动脑能力都得到了提高，做事情也有了一定的条理性，形象思维能力也得到了发展。

在小卡尔玩“搭房子”的游戏时，为了提高他的综合能力，我尽量为孩子提供条件，包括合适的材料和模型、图纸等，为他做参考。我会通俗易懂地给他讲一些建筑的基本知识，鼓励他在搭建房子的过程中充分展开想象，有时还会用现有的一些模型和图画帮助他锻炼形象思维能力等。

有些父母认为孩子的创造力在他成年以后才能逐渐具备，这种观点是完全错误的。孩子在玩耍的过程中，创造力就开始发挥作用了，我们应当从孩子年幼的时候就开始培养他的各种能力。

特别要注意别在孩子的玩耍中漏掉教育他的宝贵机会！

选择最有效的教育方法

◎ 卡尔·威特教育箴言

家长在教育孩子这个问题上要遵循：在对孩子的教育和管束上尽量做到既能有效地制止他的不良行为，又能够减小或者不产生负面影响这样的原则。

要教育出一个出色的孩子，我认为家长要遵循这样一个最基本的原则，即：在对孩子的教育和管束上尽量做到既能有效地制止他的不良行为，又能够减小或者不产生负面影响。

一些家长对孩子的教育只是用在管束孩子上，让他们中规中矩，这反而使孩子失去了活力和创造性。这种教育方法根本不能让孩子健康地成长，反而会扼杀他们的天赋。还有一些家长因顾虑会伤害孩子的自尊心而干脆放任，对孩子不管不问，这种做法是不对的。

我有一位朋友，他的儿子是一个很顽皮捣蛋的孩子，有些方面表现得特别与众不同。这个孩子还喜欢欺负自己的妹妹和别的小朋友，常常作出一些让人感到心烦头疼的事。于是，这位朋友来向我请教一些管教方法。

朋友向我抱怨："我那个孩子真是糟糕透了，他不但喜爱嘲弄别人，就连吃东西也跟别人不一样。我非常讨厌他的一些行为，可他像跟我斗气似的偏要那样去做，真把我给气死了，我都不知道该怎么对付他才好。"

我听了朋友的话觉得很奇怪，孩子在吃东西的时候都会让父亲生气，他的行为有这样怪异吗？我提出去看看这个孩子。第二天，我在朋友的邀请下去他家一起共进午餐。在用餐的时候我对这个顽皮的孩子进行了仔细观察。

我发现孩子在吃面包时，总是将皮剥下来捏成一个球形，然后吃掉，剩下的部分就扔在盘子里。同时还会扬扬得意地对父母亲说："爸爸你看，我将面包皮剥下来吃了！"他的母亲看到这种情形就斥责他说："你这孩子怎么总是这样恶习不改，今天竟然还敢当着客人的面这样做！"这时候孩子的父亲好像也要对他发火了，于是我赶紧给朋友使了一个眼色，暗示他不要动怒。

用餐完毕后，我告诉了朋友一个对付孩子的办法。到用晚餐的时候，孩子仍然故伎重施，像以前那样将面包皮剥下来吃掉后对父母亲说："我又将面包皮剥下来吃了，味道真不错。"可是这次，孩子的母亲并不像以前那样责骂他，而只是随意地说："我们已经看见了。"孩子感到有些诧异地问："你们为什么不教训我了呢？"母亲说："不再了。"

过了几天，我的朋友很高兴地来跟我说："我的孩子已经改掉了以前剥面包皮的坏习惯，现在跟我们用一样的方法吃东西了。"朋友对此感到有些不解，并问我是什么原因让孩子能这么快就改掉以前的恶习。道理很简单，孩子之所以那样做就是为了引起别人对他的关注，就算是被家长责骂，孩子也会觉得受到了重视。家长的责骂对他来说就像是一种奖励，而孩子表现的这种不良行为就是为了得到奖赏。一旦家长对他的做法毫不理睬，漠不关心，他渐渐地感到乏味了，就会在无形中改掉那种不良习惯了。

还有一个例子，有一个小男孩染上了说脏话的坏习惯，因为有一个经常跟他在一起玩耍的小伙伴，常常喜欢跟别人说“屁股”这个词，于是这个小男孩回家就去说给父母听。父母告诉他说这是个不文雅的词语，禁止他在说话时带这个字眼。可是这孩子不但不听，说的频率反而更高了，还一连好几天编造出很多关于屁股的词，比如“可口屁股”、“屁股蛋糕”、“天上有个小屁股”等。家长气得不得了，用了很多的办法来制止他，甚至说，再听他说这个词就揍他，可仍不管用，后来谁也不答理他了。当孩子看到说“屁股”这两个字已经不能引起家长的注意时，也就渐渐地失去了兴趣，再也不说了。

这就是因为孩子开始说粗话的时候得到了家长的“重视”从而提高了他的兴致，所以他反复地说的例子。后来家长对他的话语无动于衷时，孩子就没有了说粗话的兴趣，自然也就不会再去说了。

在孩子的成长过程中会染上各种各样的坏习惯，比如：骄傲任性、喜欢捉弄人、损坏财物。家长面对孩子的这些问题，应当采取适当的方法去解决，才能收到好的效果。

有些孩子可能会拒绝到家长指定的地方或者自己的房间里去，有些孩子甚至不服从命令，用藐视的态度来对待家长的命令。如果碰到类似的情形，家长可以将孩子带到一个安静的地方去，就算孩子哭闹不休，也要强行将他关进房里。家长守候在门外，没有到规定的时间不能开门。一定要让孩子明白对抗是没有用的，他必须要面对现实，让他知道去为自己的行为负责。

让孩子自我反省这一点很重要。卡尔小时候特别爱在墙上乱写乱画，虽然我已经给他买来了绘画纸，但他还是控制不住自己的这种嗜好，常常趁我不留意时，偷偷地用笔在墙上画画。

有一次，卡尔又在墙上大画特画时，被我看见了。

我立刻问卡尔："孩子，你在干什么？"

卡尔赶紧转过身去将画笔藏在了身后，并用身体遮挡住刚涂抹的画。

我当时并没有马上就训斥他，也没有讲道理给他听，只是阻止他再那样画。并让他到自己的房间里一个人待着。

过了一会儿，我把卡尔叫出来询问："孩子，你知道为什么要你一个人关在屋子里吗？"

卡尔对我说："爸爸，我错了。我刚刚一个人在房里想过了，乱写乱画会破坏墙壁的清洁。我应该在纸上作画而不应该在墙上涂抹。您曾教导我随便弄脏东西是可耻的，因此我的行为是错误的，以后我再也不画了。"

我当时没有惩罚卡尔，而是让他独自到房间待着，就是要让他自己想明白这个道理。因为儿童有时在做事情时只是一时兴起，也许孩子知道这些道理，只是一时控制不住自己。如果我当场就去责骂孩子，或者将以前那些多次讲过的道理再给他讲一遍，肯定也不会有太好的效果。让孩子自己真正地认识到行为的错误，就会加深孩子的印象，从而减少他再犯错误的机会。

关卡尔的"禁闭"，这不算是惩罚。让他独自待着的时候，他会将刚刚在墙上画画的那种冲动给平静下来。也会因不是惩罚的惩罚而反思自己的行为。

其实这种方法适用于很多情况。比如当孩子们因为发生争执而打架时，他们往往会争吵不休互相告状。这时家长只要让孩子们冷静下来，并将他们各自分开单独待一会儿，任何事情都可以轻松地解决；孩子们彼此间的矛盾都是非原则性的，只是因一时气愤发生争执而已。如果家长不采用这种方法，而是给他们引经据典地讲一些道理，把简单的事情弄复杂了，反而会加深孩子们之间的冲突。

作为父母，应该为孩子多花点心思，根据自己和孩子情况找一个适合的方式，不要着急，因人制宜，因事制宜，因地制宜地对出现在孩子身上的毛病和错误进行批评和修正，孩子当然也是愿意改掉身上的不良习气的。

注意保护孩子的判断力和理性

◎ 卡尔·威特教育箴言

在保护孩子的判断力和理性的教育中，我采取的成人化教育之所以能取得理想的效果，与卡尔早期语言潜能的开发有很大关系。

孩子早期所表现出的对某些事物的判断力以及理性的运用极为珍贵，一定要注意给予保护和鼓励。

在教育孩子的过程中，保护孩子的判断力和理性之所以重要。是因为在很多情况下孩子都需要作出判断，具备明辨是非的能力。

有时，当我带着卡尔跟朋友或熟人聊天的时候，卡尔会突然说出一些比较唐突的话，这时，我虽然不会立刻批评他，马上代他向对方道歉："请您千万别介意，卡尔从小生活在乡下，所以才会说出这样冒昧的话来。"在这种情况下，卡尔就会意识到自己说了一些不该说的话，当他问我原因的时候，我会耐心地给他解释："卡尔，你刚才说的话没什么错误，我也有同感，但你要记住，有些正确的话却不适合在所有人面前说，你看刚才那位先生听了你的话后，表情变得很不自然，因为你是个孩子，所以才没有和你计较。他后来一直保持沉默，说明他心里不是很高兴。”

采取这种方式给孩子讲道理，并不会伤害孩子的判断力。我们设想一下，如果在卡尔说了一些冒昧的话后，就马上批评他，他会很不解地责问我：“爸爸，我刚才说的是真话，您为什么要批评我?”此时，我会跟他说：“孩子，你说的虽然都是真话，但面对人人都知道的事情，有些话没有必要说出来，那样会显得你在自作聪明；你再想想，在你犯错的时候，为了保护你的自尊心，别人并不会在大庭广众之下指出你的错误，而是保持沉默。所以，在遇到类似情况的时候，你也应该这么去做。这正是‘己所不欲，勿施于人’的道理。懂得了这个道理，你再考虑一下，在那么多人面前，你指出那位先生的错误是不是很不礼貌?”我想，卡尔对我给他讲的那番道理可能并不能完全理解，对孩子来说，成年人的心理太复杂了，他会觉得这种为人处事的方式是不诚实的。如果他不服气地问我：“爸爸，您告诉我要做一个诚实的孩子，而您刚才说的做法难道不是不诚实的行为吗?”我会耐心给孩子解释：“孩子，为人诚实是没错的，但一定要注意方式，像你刚才的行为就伤害到了那位先生，所以，你可以选择沉默。你想，如果我们都在大庭广众之下相互指责，这个世界会变成什么样子?”

在卡尔的早期教育中，语言潜能的开发让他具备了良好的语言能力，在与他交流的过程中，我只要稍加指点，他就能迅速领会我的意思。在保护孩子的判断力和理性的教育中，我采取的成人化教育之所以能取得理想的效果，与卡尔早期语言潜能的开发有很大关系；很多孩子在接受教育的过程中收效甚微，很大程度上是由于受到其语言能力的限制。

有些父母在孩子出现不礼貌的行为后，不是耐心地指出不当的原因，而习惯采取简单粗暴、责备、呵斥的方式，他们从来不对自己的教育方法进行反思。我的一个朋友叫安多纳德，他有一个跟我儿子同名的小男孩，年龄比我儿子大两岁，也是个聪明活泼的孩子。在与他们的接触中，我发现他的孩子身上有很多不良习惯，比如，喜欢揭别人的短处，欺负比自己小的孩子等。

有一天，我在路上散步，碰到了安多纳德一家。于是我热情地跟他们打招呼，并慈爱地摸了摸他儿子的头。

他儿子冷不丁冒出一句话："叔叔，你的脸怎么像一具死尸那么苍白啊？"

那几天我有点感冒，脸色确实有些苍白，在这种情况下，如果换了我儿子的话，他肯定不会跟我这样说话，因为他知道这是非常不礼貌的，更不会像安多纳德的儿子那样使用让人难以接受的词汇。当时，我没有生小孩子的气，但也不知该说什么好；我的朋友安多纳德生气极了，他狠狠地给了儿子一个耳光，并生气地说："你简直太不像话了，怎么能跟威特先生说这种话？"

看到这种情形，我赶紧阻止，朋友的儿子捂着脸委屈地对父亲说："爸爸，您为什么要打我，我说得又没错，您看威特先生的脸难道不苍白吗？"此时，安多纳德感到很难堪，赶紧不好意思地拉着他的孩子走了。

我想朋友的儿子虽然有很多不良习惯，但这次他肯定不是故意的，只是不知道用合适的方式来表达自己的看法。他完全可以换个方式来表达，比如可以对我说："威特先生，您的气色看起来不如平时那么好，身体不舒服吗？"同样的意思，用不同方式表达会产生截然不同的效果，他的说法让人听了很难接受，而我设想的另一种说法让人听了就很舒服。

安多纳德先生在教育孩子的方法上就存在很多问题，他不应该以简单粗暴的形式惩罚孩子，应该在平时跟孩子耐心地讲道理，教他学会用恰当的方式表达看法和观点。可见，家长教育孩子的方式和方法对教育效果具有很多的影响。当然，如果想要和孩子进行有效的沟通，就要加强孩子的语言能力训练，从而为保护孩子的判断力和理性奠定坚实的基础。

“夸”出孩子的自信来

◎ 卡尔·威特教育箴言

好孩子是“夸”出来的，自信心的树立也不例外，孩子在被夸奖中，会产生良好的心境，做事会更加积极主动，从而提高成功率，成功的次数多了，自信心会变得越来越强。不管孩子取得的进步大小，都要给予肯定。

我所认识和熟悉的多数儿童教育专家，共同持有这样一种观点，即：好孩子是夸出来的。当然，这个好孩子指的是他在许多方面的表现都是优秀的。在这些优秀的素质方面，我特别强调孩子所具有的自信心。

要培养孩子的自信心，就要经常夸奖孩子，但是夸奖也不是一味的吹捧和赞美，而要掌握一定的技巧。在教育卡尔的过程中，当他遇到困难时，我经常对他说：“你是一个坚强能干的好孩子。”这种激励的话能够帮助他树立解决困难的决心和自信；当他感到失落或痛苦时，我同样会给他鼓劲："我相信你，你一定能做好的。"人的一生肯定会遇到很多困难，我相信，只有充满自信的人才能勇敢地面对未来人生的一切挑战，实现自己的人生价值。

卡尔之所以能取得成功，很大程度上得益于他是个自信心很强的孩子。孩子的心灵敏感而脆弱，他特别需要别人的夸奖，这些夸奖虽然只是一种口头的语言表达，却能向孩子证明父母对他的信任，同时也增强了他的自信心。只有充满自信的孩子，才能在父母的精心教育下成为杰出的人才。

我记得卡尔第一次学习写作文时，他对自己的写作能力很不自信。文章写完后，他是怀着忐忑不安的心情把它交给我的，在我看他文章的过程中，他显得很不安，仿佛在等待一次判决。坦白来说，他的文章确实很差，不仅有很多错别字，句子也不够通顺。因为我明显感到孩子对写作缺乏自信，但此时，我肯定不能给他一个"不好"的评价。卡尔看到我很久没有给出评语，觉得自己的文章肯定写得很糟。这时，我微笑地对他说："你第一次写作文就能写到这样的程度，已经很不简单了，比我第一次写的强多了。"听了我的话后，他原来脸上的不安神情明显的消失了。

过了几天，卡尔又写了一篇文章给我看，这次写的文章比第一次有了很大进步。

设想一下，如果当时我直接对他第一次写的文章进行了否定评价，就会大大伤害他的自尊心，就会让他失去写作的兴趣，并失去提高写作能力的动力。

人人都需要自信，它是信心的基础。任何人要取得成功，自信是必不可少的。在教育孩子的过程中，经常夸奖孩子有助于孩子自信心的树立。

我一直认为：让孩子充满自信是对孩子最重要的教育，同时要充分保护他的自尊心。对幼儿来说，他虽然不懂得自尊的真正含义，但却能从父母的行为、态度中体会到父母的情绪，经常受到父母夸奖和爱抚的孩子，长大后一般都会具备良好的心理素质和自信；经常被父母冷落的孩子，长大后一般会出现孤僻、任性，缺乏自信等问题。

我在对卡尔的教育过程中，我常常对自己的教育方式和方法进行总结和反思，看自己是不是尊重他。在我看来，只有对孩子足够尊重，才能树立孩子的自信，还能避免孩子养成任性等不良习惯。

可见，为了培养孩子的自信，不管结果如何，都要采取恰当的方式对孩子进行夸奖，在夸奖的过程中，尽量要夸得具体，也就是说，要找到孩子在做这件事的过程中有什么闪光点，并有针对性地进行夸奖。

在卡尔取得不同的成绩时，我会采取不同的夸奖方式。当他的进步很大时，我会很郑重地夸奖他一番；当他只是得到一些小成绩时，我在夸奖他的同时，还会帮他找到不能取得较大成绩的原因，争取下次取得理想的成绩。

成功和失败都是很平常的事，在孩子遭遇失败的时候，父母应该多说鼓励的话，帮助孩子找到失败的原因，让他尽快从失败中走出来。

第四章

努力培养孩子的良好品德

一个人的品德如何，是好、是差，我认为与他在幼儿时受到的教育有重大关系。因为在孩童时打在脑海里的印记不会轻易地抹除，正是基于此，对孩子的教育，特别是极力盼望自己的孩子将来能成为一个优秀人才的父母来说，在孩子很小的时候，抓好对孩子的品德培养要放在其他素质培养的优先位置上。

为孩子建立行为记录

◎ 卡尔·威特教育箴言

一个人如果没有高尚的品质和美好的善行，那么即使他拥有绝顶聪明的头脑或者掌握足够丰富的知识，这个人对社会和国家也做不出有意义的事。

作为一名牧师，我在卡尔很小的时候，就时常告诫他说：“学习可以给我们带来知识和快乐，行善则可以让我们得到上帝的奖赏。”

我认为作为父母，对孩子教育的最基本要求就是能将孩子培养成正直善良、负责任的人。孩子能否对真善美与公平正义有一个正确理解，决定着他将来是否能成为这样的人。父母如果在这方面不加重视，很容易让孩子沾染上一些恶习、没有道德良知。将来很可能成为不法分子，他们没有责任感和爱心，只会扰乱治安、冷漠无情地去伤害别人，让人们感到憎恶。这些人本来也是能够为社会作出贡献的，但是现在却变得如此堕落。正所谓：高尚的心灵比聪明的脑袋更重要。

我特别主张要重视对孩子的品德培养。为此，我花费了很多精力来帮助卡尔建立良好的行为规范。在孩子刚开始懂事的时候，我就给他讲述有关积德行善的故事。每当小卡尔做了善事，我就会立即给予表扬，有时甚至还会在孩子的母亲和亲近的朋友面前称赞说：“你瞧，卡尔今天做了一件多么有意义的事啊！”

当然，所有这些赞扬都要掌握分寸，免得孩子形成骄傲自满的情绪。我表扬孩子时，只会跟一些了解他的亲朋好友说起，并不会去四处宣传。事实上，每听到卡尔在邻里间被赞扬时，我除了高兴外，还多少有些担心。我担心这些赞扬会让他感到飘飘然，使他自负骄傲。幸好，这种情况没有在卡尔身上发生，看起来是我们给他讲的那些骄傲自满引人堕落的故事给了他很好的启示。

事实上，每个国家都不乏歌颂仁爱、友情、勇气等品德的优秀诗篇，这都是培养孩子良好行为和品质的宝贵财富。德国也不例外。我开始教卡尔就是从让他诵读一些道德诗开始的，让他感受这些美好的诗篇，因此，卡尔很小的时候就可以非常流利地背诵出这些诗篇。并受到其中道德教育的熏陶。

在日常生活中间，作为父母应该时刻留意孩子的行为，对于善行应该及时地给予肯定。我特意给卡尔制作了一个行为记事录来鼓励他多行善事，把他所表现出的良好行为都一一记录下来留作纪念。每当看到自己有良好的行为并将它记录下来时，卡尔会为此兴奋和喜悦。他常常会翻阅这些记录，这时候，他总会流露出幸福快乐的神情。

可以说，儿童的心灵就是一张白纸，你在上面先画上美丽的图案，美丽就占得了先机，就不容易容下丑恶的存在，相反，如果先在白纸上布满了丑陋与邪恶的画面，正义与美丽也不容易去占领它的空间，这就是说，儿童的心灵我们必须用高兴和善良先去占领住。

要重点培养孩子诚实的品质

◎ 卡尔·威特教育箴言

一个人正直诚实的品性是需要从小就开始培养的，孩子幼年时看似懵懂无知，但是即使是一句微不足道的谎言都会在他幼小的心灵中留下阴影，做父母的对此绝对要注意。

诚实是品德的内涵之一，无疑它是一个品德高尚的人的必备的品质，每个父母必须当重点来抓。同其他教育一样，孩子的诚实品质教育也要从他很小的时候就开始着手。我们常听到有些父母抱怨自己的孩子撒谎，因为父母们知道孩子撒谎就是孩子不诚实的表现。但却没有听到过他们说过孩子撒谎的原因。一般来说，孩子的谎言有善意的谎言和恶意的谎言之分，父母要纠正孩子撒谎的习惯，就要分析撒谎的原因，然后对症下药。

当孩子犯错之后，由于害怕受到惩罚而撒谎的情况较为常见，一般来说，这种谎言是没有恶意的。做父母的要纠正孩子的撒谎最重要的目的就是要根治将来影响孩子品德的不良萌芽和隐患。遇到这种情况，父母首先应当弄清楚孩子撒谎的原因，然后采取恰当的方式对他们进行教育。其实，孩子很小就能够明辨事理，只要父母足够有耐心，完全可以和他们顺利沟通。

有一次，两岁的卡尔弄倒了桌上的一只水杯。我和他的母亲当时都不在场，等她母亲办完事回来，看到卡尔的水杯空了，桌布被弄湿了。

于是，母亲问他："卡尔，是你弄倒的水杯吧？"

他摇头表示否认，妻子明知道是他打翻了水杯，看他有点滑稽的模样，只是笑了笑，并没有责备他。

我晚上回到家后，妻子把这件事告诉了我。这件事虽然很小，但我还是决定跟卡尔谈一谈："卡尔，今天你弄洒了一杯水是吗？"

一开始，卡尔还是不承认。我便装做严肃地对他说："卡尔，不管是不是你弄洒的，这都不重要，但我希望你是一个诚实的好孩子。我和你母亲虽然没有亲眼看到，但是上帝是会看见的，他是不会喜欢撒谎的孩子的。"听了我的话后，卡尔承认是自己干的，但我们并没有惩罚他。在我们看来，因为弄倒一只水杯而惩罚孩子远没有培养孩子的诚实品质更重要。

很多父母觉得小孩撒谎没什么大不了的，这种想法大错特错。我们应该防微杜渐，孩子一旦把撒谎变成了习惯，就可能会让他在今后成为一个有品质缺欠的人，那他就肯定不会得到别人的尊重和信任，人际关系也会越来越糟糕。

诚实，是孩子不可或缺的品质。诚实，决定着孩子会用何种态度去面对关于钱财的工作，决定着将来的社会公众会对他进行怎样的评价。谁都无法想象一个社会如果缺少普遍的诚信会是什么样子，孩子如果不够诚实，他就不会获得人们的认可和尊敬，更不会有人愿意与他合作，这显然会影响他的健康成长和光明前途，甚至会给他造成非常严重的后果。

我会运用讲故事的方式来对卡尔进行有关诚实的教育。我经常给卡尔列举一些可以说明诚实品质很重要的事实或者是书中的经典故事，让孩子更深刻地理解诚实的真正含义以及诚实所带来的美好结局。我也常常认真地自我反省，仔细地回想我的所作所为给孩子造成了怎样的影响，有没有在他面前表现得不够诚实。

当卡尔到了上学的时候，我鼓励他用自己的道德标准来判断行为的正确与否。我教育孩子在面对生活中的两难选择时，务必要做到诚实守信。

在培养卡尔诚实品质的过程中，我采用了循序渐进的过程，在他很小的时候，我会跟他说不诚实的孩子是不好的，是会受到上帝惩罚的；等他长大一些的时候，我会跟他说不诚实的人会影响到他今后的发展等。后来，除了他曾否认过弄倒水杯这件事之外，小卡尔再也没有撒过谎。这为他成为一个诚实的人打下了很坚实的基础。

培养孩子树立正确的金钱观

◎ 卡尔·威特教育箴言

如何处理好钱财是每个孩子在长大成人独立生活后所要面对的首要问题，这件事关系到人生幸福。所以，从小就让孩子正确地认识和理解金钱的本质和对金钱应持的正确态度就显得十分必要。

有的做父母的认为，让孩子过早地认识钱，可能会使孩子过早地就“向钱看”，对孩子正确的生活信念的形成不利。我认为，这样的担心是多余的。让孩子认识钱，就是让孩子从小学会花钱和理财，是对孩子所有教育中非常重要的一环。

因为，在人生中如何处理好钱财是每个孩子在长大成人独立生活后所要面对的首要问题，这件事关系到人生幸福。所以，理财能力的培养必须从小就开始，教育得越早，收到的成效就越好。

儿童时期是很容易做错事的一个阶段，孩子没有经济来源，也没有确立成熟的金钱意识。他们有花钱的需求和欲望，却往往不懂得如何去管理自己的钱，这就容易导致孩子不正当的花钱习惯。如果这种错误不加以纠正，那么一定会影响到他们的健康成长和发展。因此说，教孩子认识钱，树立其正确的金钱观，也是越早越好。

我曾对很多孩子进行过观察，我发现有相当比例的孩子，他们花钱的行为都存在着不当之处，比如：乱花父母的钱，擅自赊账；铺张浪费，没有节约积储蓄的习惯；花钱不知节制；在这些孩子眼中，金钱就是可以买来吃喝玩乐的好东西，而钱从哪里来这个问题却从来没想过。他们总是有着强烈的购物欲望，从来都不做计划；买东西时以花尽兜里的钱为止；只有在花钱的时候他们才会满心欢喜。

孩子一旦存在以上的问题，父母就一定要及时帮助孩子改正这些毛病，树立正确的金钱观，让孩子知道钱是干什么的，钱是怎么得来的，怎样去正确管理你手里的钱等知识对孩子来说太重要了。

有些家长总给孩子提供太多的零用钱，毫无限度地满足他们的各种物质要求，长期纵容的结果是使孩子滋生出过多的物质欲望，不但使孩子胡乱花钱，还会使他们养成好吃懒做、贪图享受的恶习。在孩子成年后独立生活时，一旦自己的经济状况陷入困窘，他甚至会违反道德和法律，为弄到钱铤而走险。

因此，我平时会以奖励的方式适当给卡尔一些钱，目的是为了让他深刻地体会到付出与回报之间的关系，让他从小就知道如何合理地花钱。我从不会无条件地给他钱，除非他有良好表现时才给他一些钱作为奖赏。

实际上，儿童从3岁开始就会有强烈的自我意识，很多时候会有“我要做什么”、“这件事应该由我来做”等表现。因此，从这时候开始让孩子接触金钱，对他进行理财方面的培养，是恰当合理的，这跟其他方面的教育一样能为孩子的健康成长打下良好的基础。然而，也有一些家长严令禁止儿童接触金钱，我认为这种做法是不可取的。

家长应该知道，对孩子进行理财能力培养，其目的并不是让孩子向钱看，也不只是让孩子学会管钱，而是要让他成为一个真正能了解钱，对钱的本质有正确观念的人。从某种意义上说，是培养成年后不致因钱而丧失道德品质。

同时，我还经常告诫卡尔要自尊，切不可为了金钱而丢掉尊严。我明确告诉他，金钱在现实生活中的确是不可缺少的，这个世界也不乏有人为了钱财去干违背良心的事情。但如果一个人能够在钱财的诱惑下做到不违背自己的良心，这个人就会受到人们的尊敬，这个人最终所得到的远远不是单纯的金钱可以衡量的。

在教育的同时，我还十分注重身体力行的教育意义。我知道父母对待金钱的态度将直接影响着孩子，我理应为孩子树立自尊的好榜样。让我欣慰的是卡尔通过教育和学习，已渐渐地养成了自尊的好习惯。

生活中，勤俭持家对任何一个家庭来说都十分重要，家长们应该让孩子知道每件物品的价值，从而去珍惜爱护它们。在培养卡尔理财的过程中，我要求他学会勤俭节约，决不允许孩子毫不珍惜地对有价值的东西毁坏或抛弃，要他必须懂得每一件物品的价值所在。如果孩子滥用或者不小心让物品受到损坏，我就会严令卡尔去修理，修理不了的，我要让他知道错在哪里。

无可否认，人都爱钱财，但是我常常告诫卡尔，喜爱财物虽然是人之常情，却一定要有限度，不能过分贪婪。钱财虽然能够让我们的物质生活更丰富，但也是无数灾难的源头，更何况金钱并非万能，世界上有太多东西并不是用钱可以买来的。从某一角度讲，一枚金币并不一定比一块石头更有价值。

我本来就是一个简朴自律的人，因此我特别重视将这种良好的作风传授给卡尔。孩子是国家的未来，如果孩子只知道贪婪享受，就会越发不思进取，那么这个国家也就不会有什么希望了。我经常告诫卡尔不要贪婪，简朴习惯常常建立在满足的基础上，你对物质的要求很低，你就越容易得到满足，简朴的家风容易让孩子形成简朴的品质。

而简朴节约怎样让人感到自由快乐，这也是我和孩子经常讨论的话题，我努力让卡尔懂得，人类精神的富有要比物质的丰富有价值得多。

孩子好品行的培养方法

◎ 卡尔·威特教育箴言

要培养一个具有好品行的孩子，不但需要父母有耐心有决心，尤其需要讲求方法，并且要切实做到以身作则。

就一般情况讲，凡是被人们广泛认同为伟大人物的人，都是同时兼具有好品行的人，而有些人也正是因为他的品行不好，而被人们所唾骂。如此说来，没有哪一个做父母的不愿让自己的孩子将来有一个好品行而受到人们爱戴的。但要知道：人的好品行需要借助一定的方法，从小就要培养的。

好品行的建立与知识的传授不完全一样，作为父母最好给孩子多举例子多做分析。我喜欢运用一些典型的正反两方面的例子来告诫孩子。我经常跟卡尔讲一些不法分子做了坏事没有得到好下场，而另一些为公众利益去勇于献身的仁人志士，历来受到人们的怀念和赞美的故事，帮他分析这么做为什么不对，哪些是好，哪些是恶。

在我的周围，我看到很多父母对孩子的一些不良行为抱怨不已，比如：

“为什么我家的孩子一点都不诚实，经常撒谎?”

“为什么这孩子没有善心，不会善待小动物?”

“为什么他总是很暴躁任性?”

……

这些困扰让他们感到非常的痛苦却又万般无奈，他们甚至会后悔生出这个孩子。他们不知道该怎样来教育孩子改正那些不良行为，对自己教育孩子的方法没有丝毫信心。他们会说：

“你看，我费了这么大的精力来教育孩子，结果总是改正不了他撒谎的恶习!”

“这孩子真的不可救药了，还是像以前一样任性，一点都没有悔改的迹象!”

其实，父母要改正孩子的毛病，不只是需要期望和决心，还需要掌握一定的技巧和方法，对孩子多一点耐心，多一点鼓励，并且多检讨自身的行为，采用适当的教育方法，改掉孩子的恶习并没有想象中那么难。

模仿是孩子最重要的特点之一，孩子早期的行为方式直接源于他身边最亲近的人。如果孩子最亲近的人善良正直，这个人的优良品德就会影响孩子，让孩子受到教育。

父母是孩子的一面镜子。我给卡尔传授知识，首先自己要做好。

对卡尔进行品德培养的时候，我的行为要处处小心谨慎，以便能给孩子树立一个好的榜样。

事实上，使孩子最终沾染各种不良的习惯，几乎全都由于父母的行为或教育方法不当所导致的。所以，作为父母应该时刻保持警惕，你今天的错误也许就是孩子明天的噩梦。培养孩子养成诸如勤奋向上、热爱劳动、关心他人的良好品质，首先要从父母自身做起，这些品质会使孩子在未来成为一个对社会有用而又充实快乐的人。

有一点需要明确，那种只对孩子进行奖励或惩罚的教育方法无疑对提高孩子的是非鉴别力毫无帮助。遗憾的是，很多父母就喜欢用这种方式来对待孩子。当孩子有良好的表现时就给他奖励，否则就会横加处罚。其实这是一种非常不理性的教育方式。如果把这种奖惩方式当做一种教育常态的话，孩子会觉得这只是一种互换关系，进而他就会想出一些对策来对付。因此，父母如果不了解孩子的心理，不对他进行耐心和有针对性的教育，对孩子的教育就宣告失败了。

当孩子做错事时对他进行惩罚，往往在当时看起来是有效的，其实这种所谓的有效更像是“条件反射”，因为孩子并不清楚你的真实用意，也不知他到底因为什么受罚，而对于是非对错全然没有概念。这么分析起来，奖惩教育方式是那么的不合时宜。我在对卡尔进行教育时，从来不用简单的奖惩方法，而是经常运用一些适当的方式来让孩子明白善与恶的区别，让他真正领悟到做善事的愉悦。

一个真正优秀的人才，应该是品质、才能、健康全面发展的人。如果仅仅注重孩子的身体状况，那他将来就可能成长为一个没有头脑的莽夫；如果仅仅注重孩子的品质培养，而忽视能力的培养，将来也是无用于社会的人。可见，最好的办法就是能让孩子得到全面发展。

当然，如果一个人的聪明才智不用到正处，反而误入歧途，那将是非常糟糕的事情。我非常注重培养卡尔勤奋好学的好习惯。要知道，懒惰是各种坏习惯的源头，而勤奋却是孩子重要的品德之一，是得到快乐的基础。

每当看见自己的孩子受到委屈时，多数父母都会心疼地哄劝他，这反而会使孩子感觉自己遭受了莫大的委屈而更加难过，父母的这种做法无疑是欠考量的。另一种更好的处理方式是：一旦遇到类似情况，最好不要过分地去劝慰孩子，而应该及时地转移孩子的注意力来帮助他遗忘苦恼。毕竟，勇敢也是一种极其重要的品质。如果一个人总是没有骨气地依靠别人的同情和怜悯生活，他将永远沉浸在软弱无助和消极绝望的泥沼中，这将是非常悲惨的人生。不过，勇敢并不代表着冷漠无情。我要求卡尔能成为一个勇敢的孩子，我时常告诫卡尔要成为一个勇敢又热心的人。

自己怎样去对待他人，别人也会用同样的方式来回敬你，让孩子懂得这个道理很重要。

让孩子学会理解

◎ 卡尔·威特教育箴言

理解是相互的，父母和孩子在相处过程中，鼓励孩子进行换位思考，充分考虑对方的心理需要，更容易形成良好的人际关系，为孩子的社会交往奠定良好的基础。

可以说，人只要学会理解并且能主动去实践它，那么就会使许多事情的解决变得容易起来。应该说，学会理解对于孩子来说，意义也极其巨大和深远，善于理解的孩子的心胸也更博大，更会关爱人。

然而教会孩子理解，并不是一件轻松的事，需要循循善诱。生活中多数家长对于孩子的要求是有求必应，给孩子留下的印象不管自己要什么，父母都能满足。若是不能满足要求，或是满足得不及时，就是父母出现了问题，自己有权闹下去，直闹到得到满足为止，这就会让孩子产生自己的要求是天经地义的事情这样的错觉。

这样的孩子是很难去体谅别人的，他们事事都要以自我为中心，好像别人都是他的服务员，为他做任何事都理所应当，不会心存感激。因此父母应当让孩子学会多理解一下他人，这样有助于健全孩子的人格。

父母对孩子做无私奉献时，不要不表白一点条件，要教会孩子一点相互的概念，用来教育孩子要学会体谅别人，站在别人的角度来考虑问题，真正懂得理解的含义。

就拿孩子爱撒谎这种常见的情况来说，我们通过了解就会发现，很多时候是因为孩子觉察到自己与父母地位的不平等，孩子认为父母只会对他犯的错误进行严厉的批评和教训，因此孩子就宁愿不将真话说出来。

教育学者认为，成功的家庭沟通，由五方面的因素来决定，即理解、信赖、尊重、关怀和接纳。理解要求无论父母还是孩子都能设身处地地为别人想想；信赖要求做到既信任自己，也信任他人；尊重要求尊重别人，尤其是尊重孩子的权利、意见和选择；关怀要求不仅要存于内心，更要付诸行动；而接纳是要求了解每个人的性格，并懂得欣赏他身上具有的特点。

理解就是懂得换位思考要站在对方的立场上看问题。应该改变孩子只是接受者、父母才是决策人这样的角色设定，应该树立起一种积极健康的家庭沟通关系。父母在家庭教育中要能进行角色互换，任何一个家庭成员都能对他讲述的事情给予积极的解说。如果孩子能参与讨论成年人的问题时，他们也就能够很好地理解家长了。这时家长可以调动孩子的积极性，让自己认识孩子的才能，另外还能得到自己对孩子进行教育的反馈信息。

比如说：我弟弟有个很可爱的小男孩名叫维尔纳，他比卡尔小1岁。这个孩子在我家里住过一段时间，我们全家都很喜欢他。为了不让这个小客人有陌生的感觉，我的妻子对维尔纳极为疼爱。这样日子长了，卡尔渐渐地就认为母亲爱弟弟胜过了爱自己，于是懊恼的样子就表现了出来。

而且卡尔认定，就算他和弟弟发生争执，妈妈也肯定会是偏向维尔纳的。这种认为关爱被人分享因而形成心理不平衡的情绪，在孩子身上是很容易发生的。妻子则希望小卡尔在跟弟弟维尔纳相处时，能学会适当地调整自己的心态，学会宽容和照顾别人，并消除对他人的敌意，这样往后在跟别人交往时才能处理好关系。

妻子很早就发现了卡尔的这个问题，但她并没有问他“为什么要跟小弟弟过不去”这类的话，也没有给他讲什么大道理，而是很郑重地对卡尔和维尔纳说：“孩子们，我有一个小提议，你们俩都是好孩子，你们应该可以和睦相处的。卡尔，我相信你也一定会照顾好弟弟。”我认为我妻子的这一举措既是给小卡尔的一个提醒，更是一个尊重和激励，使他的自尊心和荣誉感得到了激发和满足，自此卡尔和维尔纳之间产生了亲密的手足情。妻子的提醒让卡尔意识到自己是家庭里负责任的人，照顾弟弟是自己的义务，从而慢慢地成熟起来。从此以后，卡尔对维尔纳细心照顾，不仅陪弟弟玩耍，还教他念书，给他讲故事等。

有时候我发现了卡尔的一些其他问题，但是却希望他能够主动地认识到并予以改正，于是我就自己扮演一个疑问者，让卡尔来做决策者。我总是这样来问卡尔：“我目前遭到了这样的麻烦，那我应当怎么做才好呢?”而这样的结果总是能得到卡尔的积极配合，使问题都能轻而易举地解决。

有一天，卡尔和维尔纳要求到郊外去游玩，我答应了他们的请求，但是要求他们俩在傍晚之前必须回家。也许他们俩玩得太尽兴了，忘记了回家，结果直到天黑了以后才到家。对他们俩没有在规定的时间内回来这件事，我当时并没有批评他们。而是在下一次他们再要求出去玩时，我装做很忧愁地对卡尔说：“我和你的母亲都很担心你们不能按时回来。你知道吗？上一次可把我们急坏了，不知道你们发生了什么事，那么晚都不回来，你母亲急得都快要哭出来了。你看这次该怎么办好呢?”

因为卡尔亲身参与这个问题的决定，感受了父母亲的担心，所以此后，卡尔再也没有出现不守时的情况。

经过共同协商一个问题，父母最后要让孩子懂得“理解、准时、承诺、信任”等这些观念的重要性。协商的方式是最容易让孩子形成理解别人的良好习惯，并会让孩子站在别人的立场上考虑问题。如果我对卡尔不守时的事不是采取协商的方式而仅仅是严厉地批评，那样卡尔不仅不能真正地理解父母的苦心，反而还可能会反向发展，变得越来越不听家长的话。

对于卡尔出现的问题，我们并不急着提出批评，而是采用一种委婉的方式让孩子自己来做出正确的决定。

理解和交流是非常重要的，倘若孩子很小就在家庭中学会了跟家人交流的技巧，那么当他步入社会时，他也同样能很轻松愉快地与别人沟通交流。建立在理解基础上的交流，这一点非常重要。倘若每个人都狭隘地从自己的角度考虑问题，就会认为自己的观点永远是正确的，而错误是永远发生在别人身上——无疑，这是不利于高尚人格培养的。

第五章
孩子的好习惯培养

习惯是一个人在长时期的生活里逐渐养成的，一时不容易改变的行为、倾向。习惯有好坏之分，好习惯和坏习惯差异巨大。好习惯会使孩子受益一生，坏习惯则会使孩子被人厌恶一生。因此，从小就让孩子养成一些好习惯是每个父母义不容辞的责任。

让孩子养成专心致志做事的习惯

◎ 卡尔·威特教育箴言

对孩子来说，养成专心致志的学习习惯至关重要，它能让孩子的学习取得事半功倍的效果。

专心致志就是心无旁骛，不受任何与做事无关的事物的干扰。

当我的小卡尔在学习上取得显著的成绩后，许多孩子的父母总问我同一个问题："我们的孩子学习勤奋，成绩却不理想，而卡尔又是如何学习的呢?"

我很理解他们望子成龙的心情，但对这个问题，我并没有肯定的答案，但有一点我是认定的，那就是：对孩子的早期教育决定了孩子潜力的发挥程度。具体到孩子的学习问题，要想让孩子取得理想的成绩，养成良好的学习习惯是至关重要的。在学习习惯的培养中，父母充当着重要的角色。

有些孩子从小聪明伶俐，兴趣广泛，如果父母没有给予正确的引导，他们就会"眉毛胡子一把抓"，结果是什么都想学，而什么都学不好。

卡尔也是一个好奇心强、爱好广泛的孩子，由于从小受到我的严格教育，计划性比较强，能够合理地安排时间，没有因为兴趣广泛而影响学习。

在学习过程中，我重点让卡尔养成专心致志的习惯，该学的时候认真地学，该玩的时候痛快地玩；在学习某个课程时，不要想着其他课程的问题。如果不能专心致志，即使整天都抱着书坐在书桌旁，也没有什么效果。这样做不仅浪费了时间，还给父母造成了勤奋学习的假象。

可见，很多孩子由于没有养成专心致志的学习习惯，即使每天用很多时间来学习，也很难取得理想的成绩。他们人在屋里，心却是在球场上，如果确实属于这种情况，不如让孩子出去痛快地玩一会儿，然后再让他回来专心学习。

我认识一个叫哈特威尔的孩子，从小聪明伶俐，比卡尔大 10 岁。哈特威尔和许多聪明孩子一样，从小就具有强烈的好奇心和求知欲。只要我去他家串门，他就会问我各种各样的问题，我都会耐心地给他解答，于是，我们成了无话不谈的忘年交。

哈特威尔的父母都是很有学问的人，他们给孩子提供了很好的教育，但是，开始上学时，哈特威尔的成绩却总是不理想。这让他们很困惑，于是，他们请我帮忙，看看是否能找到其中的原因。

在征得这对父母的许可后，我悄悄地对哈特威尔的学习情况进行观察，我通过门缝暗中观察着他，看到他像平时那样坐在书桌前背诵荷马的诗。刚开始还好，过了一会儿，读书声渐渐消失了。我凑近一看，他正呆呆地望着窗外，注意力根本不在书上。于是，我让孩子的父亲和我一起观察，看到孩子的这种情形，哈特威尔的父亲怒不可遏，准备进去教训孩子。

我立刻拦住孩子的父亲，小声地对他说："千万不要冲动，我先进去了解了解情况。"

我轻轻地走进了哈特威尔的房间，他肯定是想什么事情太投入了，就连我走到他身后，他都没有察觉。

我轻轻地问道："孩子，你在看什么？"

孩子对我的突然到来感到意外，赶紧回答道："啊，您好，威特先生。"

我接着问他："你刚才在想什么？为什么在学习的时候走神呢？"

孩子慌张地说："我没有走神，只是在想象诗里的情景。"

看到孩子在努力掩饰，于是我对他说："好吧，那让我来考考你刚才背的诗。"

孩子低头想了很久，一句也没有背出来，羞愧得满脸通红。

我又对孩子说："刚才如你所说，你在认真背诗的话，不会连一句也想不起来的。"

见我这样较真地问他，哈特威尔只好承认他学习的时候走神了，并苦恼地对我说："威特先生，不知道怎么搞的，我学习的时候总是不能专心致志。"

我耐心地对他说："孩子，别着急，但，你能告诉我你刚才在想什么吗?”

孩子放松了下来，告诉我：“在我们学校，有个很霸道，又身强力壮的孩子总是欺负别人。我刚才在想，如果我是个武艺高强的人就好了，我会去好好教训一下他，让他以后不敢再欺负别人……”他一边说着，还一边兴奋地比画起来。

我接着对他说：“孩子，你能有助人为乐的想法，这值得表扬，但如果只停留在想法阶段，是没法帮助别人的。就拿荷马这本书来说，在阅读过程中，你应该看看那些英雄人物是怎么成为英雄的。你要知道，只有学好了本领，才有可能成为英雄，你现在的主要任务是从书本上学习成为英雄的智慧，等你具备了一定的智慧和能力之后，才能更好地帮助别人。”

听了我的话，孩子高兴地说：“威特先生，谢谢你。我懂了，只有专心致志才能学好学扎实知识，才能为帮助别人打下基础，对吗?”

我高兴地对他说：“孩子，你说得没错，我想你现在应该知道今后该怎么做了。”

他回答道：“我完全知道了。”说完，就拿起书认真地学习起来。

后来孩子的父母碰见我就说：“威特，你的教育方法真有效，孩子在学习上有了不小的进步。”

可见，让孩子养成专心致志的学习习惯，会让孩子在一生的学习过程中都达到事半功倍的效果。

凡事都力争做到精益求精

◎ 卡尔·威特教育箴言

如果想成为一个有所作为的人，做事一丝不苟、精益求精的习惯培养是不可或缺的。在教育孩子学习知识的过程中，让孩子深刻地领悟精益求精的含义是父母的重要职责。

与在做事中有些人所表现出来的敷衍了事，得过且过的不良习惯相比较，精益求精则是一种非常好的习惯。

如果想成为一个有所作为的人，就需要具备一种一丝不苟、精益求精的精神。在孩子学习知识的过程中，要想取得满意的效果，就要对他严格要求。

在卡尔学习数学、语言和绘画等知识时，我都要求他精益求精，尽量做得尽善尽美。这一点在艺术创作方面更要如此，因此，在卡尔学习绘画时，我让他深刻地领悟精益求精的含义。

为了让卡尔对“精益求精”有更深刻的认识，我买来许多名画，给他讲这些画家是如何精益求精地创作的。卡尔具有很强的观察力，他能从这些作品中领悟出很多东西。在各种绘画素材中，他比较偏爱桥，在对阳光照耀下的桥以及周围事物进行了仔细观察后，他告诉我：“当灿烂的阳光照在桥边的石头上时，那些石头会发出金黄色的光芒；

桥下的流水经过阳光照射会变得像流动的翡翠；而且，我还注意到，水在阳光下比阴影中的颜色要浅一些，阴影中的水是深绿色的，自然景物的变化太神奇了！”

有一天，我带卡尔去村边的小石桥画画，过了一会儿，卡尔把画好的画递给我看。总体来说，那幅画构思巧妙、笔法细腻，但也有不足之处。我对卡尔说：“孩子，我记得你以前跟我描述过想画出的那种感觉，但我从你这幅画里却没有找到。”

卡尔听了，不服气地说：“我觉得已经把它画出来了。”

我耐心地对卡尔说：“你说过，水在阳光下比阴影中的颜色要浅一些，阴影中的水是深绿色的，但在你这幅画里却没有看到。”卡尔重新对照了画和桥下的水，然后对我说：“爸爸，您说得对，我再重新画一下。”过了一会儿，他把画好的画拿给我说：“爸爸，您看这回怎么样？”我看了画后，对卡尔说：“画得很不错，流水的颜色已经区分出来了，不过仍然没有那种碧绿如翡翠的感觉。”其实，作为一个只具有一般美术基础的人，卡尔能达到这个水平已经很不错了。在我看来，这幅画卡尔已经完成了，但是他却不放弃，对我说：“爸爸，我再去仔细看看。”

卡尔在河边坐了很久，一边观察，一边思索，时间很快过去了，到了该回家的时间，他仍专注于作画，根本没有回家的打算。

我就催促他：“孩子，我们该回家了。”

他回答道：“马上就好！”他一边说着，一边继续画着。

过了一会儿，当卡尔第三次把画拿给我看时，我惊呆了，画面中的水不仅很有层次感，而且像翡翠一样翠绿……

我惊讶地问卡尔：“孩子，你画得太好了，你是怎么做到的呢？”

卡尔说：“经过仔细观察，我发现阴影部分的颜色是由深浅不同的绿色混合而成的，如果在里面能用一点红色和蓝色来表现岸上景物的倒影，会显得更加生动。”

我听了卡尔的回答，感到既激动，又骄傲，他能作出如此专业的分析，完全是他专注于此，不达目的不罢休的结果。在回家的路上，我问他：“孩子，第二次已经画得很好了，为什么还要画第三次？”他回答道：“爸爸，您曾跟我说过，无论做什么事都要精益求精。”

叙述至此，关于精益求精的意识和习惯的意义，我就不需要再强调了，我相信，它通过卡尔的成功实践已做了很好的说明。

决定的事就坚持不懈

◎ 卡尔·威特教育箴言

人生中不可避免地会遇到各种困难和挫折，孩子只有具备持之以恒的毅力，才能最终成为生活的强者。

我一直认为，要想成为一个优秀的人，必须具备一种凡事决定了的事情就坚持不懈的毅力。人生在世，难免会遇到各种困难，如半途而废，是不可能赢得最后胜利的。

在卡尔刚出生不久，我和他的母亲就开始培养他的毅力。在对他进行持久训练方面，他的母亲付出了很多心血。因为良好的注意力是孩子行为持久的前提，所以，他的母亲就从注意力训练开始。

为了吸引卡尔的注意力，她找来一个黄色的用布做成的小猫，把它放在卡尔伸手刚好抓不到的地方，然后鼓励他去抓这只小猫。当孩子用尽力气还是抓不到小猫时，母亲就一边推着他的脚，一边鼓励他再努力试试看。在母亲的鼓励下，卡尔用力蹬腿，终于拿到了小猫。此时，母亲会亲吻孩子以示鼓励，卡尔在这个过程中能够体会到成功的喜悦。

在卡尔学会了爬行后，母亲增加了训练难度，在孩子即将抓到小猫的时候，把小猫放到更远的地方，并鼓励他爬过去拿。经过各种难度的训练，卡尔逐渐认识到，要想获得最后的成功，就要用毅力克服一切困难。

在卡尔开始学习知识时，我们仍用同样的方法训练他，都取得了理想的效果。经过长期的训练，卡尔逐渐养成了坚持不懈的习惯。这种坚持不懈的习惯在他学习的过程中发挥了巨大作用，每当他在学习上遇到困难时，经过不懈努力，最终总能使问题得到解决。对他来说，经过努力，他几乎可以解出所有数学题。

有一天，为了考验他的毅力，我给卡尔出了一道数学题，这道题远远超出了他的能力范围。

我给他选好题目后，卡尔就在书桌前专注地思考起来。为了让他安静思考，我走出他的房间。过了很长时间，卡尔仍然没有出来。平时，他解题的速度都很快，从来没有花过这么长时间，我知道这道题对他来说有难度，但也已经超出了我给他规定的解题时间。

当我走进他的房间时，看见他仍在冥思苦想，稿纸上一个字也没写。

我问他："孩子，是不是这道题太难了？"

卡尔没有说话，只是抬头看了看我。

我看到卡尔满头大汗，于是问道："你不舒服吗？"

他回答道："不是的，我是在考虑这道题的解法。"

我对他说："现在已经过了规定的解题时间，如果觉得累的话，明天再做吧。”

他回答道：“爸爸，我想再思考一下，也许马上就能找到解题方法了。”说完，他继续思考起来。

为了不打扰他思考，我走出了他的房间。

我们习惯的晚饭时间到了，卡尔的母亲终于沉不住气了，她对我说：“那道题可能太难了，这孩子自尊心又强，如果他做不出来会很不好意思，你去劝劝他，别把他累坏了。”

于是我再次走进他的房间，对他说：“孩子，这道题确实太难了，解不出来也没有关系，你已经尽力了。”

卡尔说：“爸爸，现在我已经知道怎么解题了，只要再努力一下，很快就能解答出来了。”

看到孩子这么执著，我走出他的房间，和妻子一起在外面等他。

没过多久，他兴奋地喊道：“爸爸，快来啊!”听到他的声音，我很激动，知道他肯定解出了那道题。

他高兴地从房间里跑了出来。在看过他的解题方法之后，我更加惊喜了，他的答案不仅完全正确，而且用的解题方法也相当独特。

吃晚饭时，卡尔兴奋地向我讲了解题的经过，能够解出这么难的题目，他很有成就感。

我问卡尔：“当你解不出这道题的时候，想过要放弃吗?”

他对我说：“当然想过，这道题太难了，我真想打开门告诉您我不做了，但您和妈妈都曾跟我说过‘只要有恒心，什么困难都能解决’，于是，我下定决心，一定要把这道题解出来。”

那天，也许是卡尔感到累了，饭量比平时多了不少，晚上睡得也很香。

从此之后，卡尔的解题能力有了很大提高。每一道数学题他都能给出几种解法。

对于这样的难题，我心里清楚，只要卡尔有一点为难情绪或放弃的想法，他是根本解不开的，可喜的是，卡尔把我平时教他的坚持不懈的理念深深地印在了心里，这就是他的成功所在。

防止孩子养成不良习惯

◎ 卡尔 · 威特教育箴言

要想防止孩子养成不良习惯，父母要在孩子很小的时候，给予正确的教育和引导；如果管教不当，很容易让孩子养成一些不良习惯，而且，随着孩子年龄的增长，纠正孩子不良习惯的难度也会增大。

当我们的小卡尔在一系列学科，诸如数学、外语、绘画等方面取得了一定的成绩之后，很多父母都来向我请教教育孩子的方法。其实，谈到如何教育好孩子的问题，就要用心观察孩子的行为举止，站在孩子的立场上思考问题，找到问题的根源，就能使问题迎刃而解。

我记得曾有一位母亲问我如何管教脾气暴躁的孩子。

我认为：首先，父母应该弄清楚孩子脾气不好的原因是什么。一般来说，孩子的感情脆弱，易受伤害，由于还没有长到可以用理智控制情绪的年龄，所以，只能会用发脾气的方式来表达情绪。找到孩子发脾气的原因是顺利解决问题的先决条件。

其次，父母还要采取一些适当的方法来避免他们发脾气。为孩子营造一个良好的生活环境，严格教育是必要的，但也要给孩子一定的自由，父母不要把自己的意志强加给孩子，不要总是责怪孩子。总之，父母的教育应该“宽严相济”，这样既能发挥孩子自由的天性，又不会让他养成任性的不良习惯。

在教育卡尔和仔细观察其他孩子的过程中，我逐渐总结出了一些经验：当孩子由于外界影响发脾气时，最好不要“火上浇油”，等孩子恢复了平静之后，父母再和孩子耐心沟通，这样沟通的效果往往比较理想。

有些孩子在发脾气时不让人靠近他，这时，父母可以让孩子自己冷静一下，为了避免孩子出现意外，父母只要把家里一些易碎的物品保管好就可以了。

孩子正发脾气的时候，是听不进任何意见的，此时，有些脾气暴躁的父母会用发火的方式来管教孩子，这种管教方式是缺乏理智的行为，结果只能是越来越糟。

面对发脾气的孩子，正确的处理方法是在孩子冷静下来之后再跟他讲道理，告诉他发脾气是不能解决任何问题的，如果有什么需要，可以直接和父母沟通，只要不是无理的，父母完全可以帮助他。

有的孩子会通过在外人面前发脾气，来达到自己的一些目的，如果属于这种情况，父母千万不能顺着他。当孩子在外人面前提出要求时，如果是合理的要求，父母可以适当地满足他；如果是过分的要求，父母可以间接地答复他，可以对他说回家后再说，或是等客人走了以后再说。

孩子的年龄越小，他应对挫折的能力越弱，常常会因为无能为力而发脾气；等孩子渐渐长大后，他们应对挫折的能力就会增强，也会渐渐改掉这个毛病。对此，做父母的应该有足够的耐心。

面对任性的孩子，父母千万不能一味迁就，迁就孩子虽然会让孩子停止一时的哭闹，但对孩子的发展很不利。一味迁就会导致孩子得

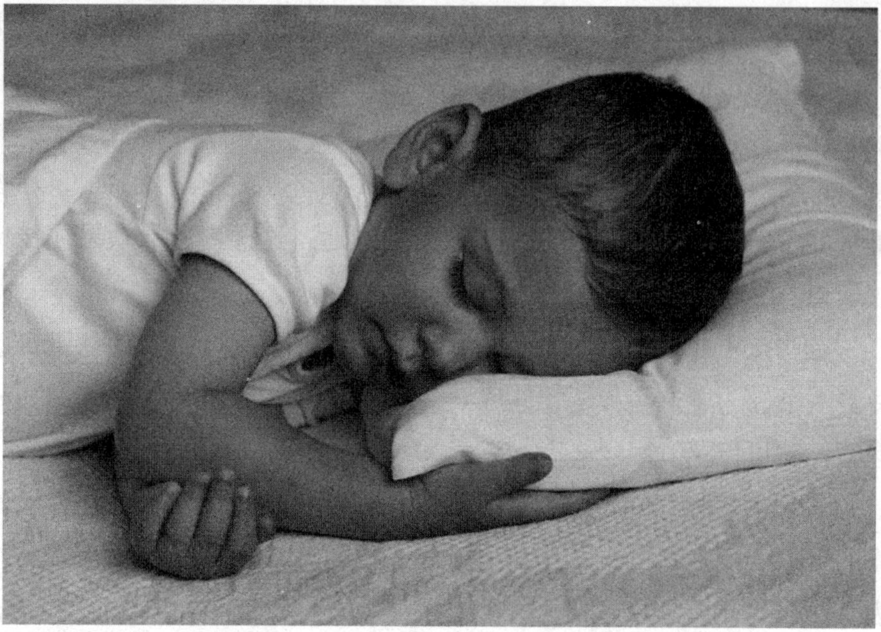

寸进尺，变得更加任性。一般来说，父母对孩子的脾气和性格十分了解，所以，父母可以在孩子作出任性行为前，采取一些有效的预防措施。比如，孩子吵着要买并不适合他的衣服，可以这样跟他说："孩子，我觉得这件衣服不太适合你，你最喜欢姑姑，我们先问问她的意见，然后再决定是否买，好不好?"通过这种沟通方式，让孩子事先有了不买的心理准备，就可以减少任性行为的发生。

在教育卡尔的过程中，我也很注重用培养他尊重对方建议的习惯。

卡尔3岁的时候，我们家来了一位亲戚的孩子，是卡尔的表妹。他们的年龄相仿，刚开始，两个孩子相处得很好，但没过几天，他们就开始闹矛盾了。

有一天，卡尔在院子里用积木搭建房屋，小表妹也很感兴趣，跑过去帮忙。卡尔就像一位总工程师那样指挥小表妹怎么做。起初两个人配合得很默契，工程进行到一半的时候，小表妹就不愿意服从指挥了。她把一块方形的积木放到了卡尔没有指定的地方，于是，卡尔把那块积木拿了下来，小表妹又重新把这块积木放上去，接着，卡尔又把那块积木拿下来。两个人互不相让，终于吵了起来。

我和亲戚在屋里听到他们的争吵声后，赶紧跑出去看发生了什么事。只见小表妹坐在地上很伤心地哭泣，而卡尔正满脸通红地站在积木旁。

看到这种情况，我问卡尔："发生了什么事?"

他回答说："表妹不听我的话。"

知道了事情的前因后果后，我开始劝说他："卡尔，你是哥哥，应该更懂事，你应该让着她。那块积木放在那儿不也挺好吗?"

卡尔却说："放在那儿一点儿也不好看。"说完，还一脚把已搭建完的房屋踢散了，然后跑回自己的房间去了。

看到卡尔这么任性的表现和粗鲁的行为，我非常惊讶，但我并没有责骂他，也没有马上去跟他讲道理，而是把仍在哭泣的小侄女抱了起来。

晚上吃饭的时候，我特意把卡尔和小表妹安排在一起就坐。

我问卡尔："卡尔，你今天为什么要用那种态度对待小表妹呢?"

他愤愤不平地说："她不听我的指挥。"

我接着问："她为什么非要听你的指挥呢?"

他自豪地回答说："因为表妹不懂怎样搭房屋，而我会。"

我又问："她跟你在一起搭房屋的时候捣乱了吗?"

他回答："没有，可是我觉得那块积木摆在那儿不太美观。"

我又问："你有没有想过表妹为什么要按照自己的意志去做呢?"

他回答："没想过。"

我说："房屋怎样搭建才好看，每个人有每个人的审美观点，因为表妹认为放在那里好看，所以才会那样做。你要尊重别人的建议。”卡尔仍想说什么，我没等他开口，又接着说：“你跟小表妹在一起玩耍，不仅应当玩得愉快，还要用你们的智慧和能力把房子建得更好。你要知道，一个人的力量是有限的，想要将事情做得更好就需要与别人合作。小表妹对建筑不太精通，你可以教她，而不应当像今天那样任性地发火。想想看，如果在你遇到不明白的事情时，我不耐心地指导你，而是向你大发脾气，你会有什么感觉呢？”

听了我的话后，卡尔沉默了，我想他已经理解了我的意思。

要想防止孩子养成不良习惯，父母要在孩子很小的时候，给予正确的教育和引导；如果管教不当，很容易让孩子养成一些不良习惯，而且，随着孩子年龄的增长，纠正孩子不良习惯的难度也会增大。

让孩子学会正确用餐

◎ 卡尔·威特教育箴言

良好的用餐习惯不单单包含用餐礼仪，科学营养的用餐方式也很重要。只要掌握正确的方法，让孩子养成良好的用餐习惯并不难。

当听到我说让孩子学会正确用餐这一话题时，可能会有某些家长提出疑问，孩子吃饭还用教吗？的确如此，因为用餐不止是简单地往嘴里塞食物，它是应遵守某些准则的，确切地说：正确的用餐不单单包含用餐礼仪，还讲求科学营养的用餐方式。有些父母过分地宠爱孩子，让他们没有规律和限制地吃东西，从而导致孩子的食欲功能紊乱。孩子的精力常常只用在吃什么方面，以致他的智力没有得到良好的发展。在这种不合理的安排中，就算实施了良好的早期教育或者别的什么教育也都不起作用。家长用这种爱心来对待孩子是一种非常不理智的做法，这样的爱心其实是在害孩子。我看到不少的孩子常常因贪吃而导致生病和肥胖。贪食的不良习惯并不是孩子天生就有的，而是因为家长的无知和纵容造成的。在很多家长的心中，只想着让孩子吃好喝好身体健壮就好，于是给孩子吃各种有营养的东西。结果却适得其反，孩子的身体不但没有变得强壮，反而变得肥胖和虚弱。

我和妻子严禁卡尔随意进餐或者吃零食。但是为了保证孩子的营养，给他规定了必要的营养补充，但严格遵守一定的时间和尺度。这样做既保证了卡尔的身体健康，也为了避免他形成贪食的不良习惯。

有时候为了让卡尔明白身体健康和合理饮食的重要性，在遇到朋友的孩子生病时，我会带他前去探望，让他有机会更深刻地体会到疾病带给人的痛苦，这对孩子来说，是个很有说服力的教育。

有一天，我带卡尔出去散步，碰到了朋友的一个孩子，我问候他说：“孩子，家人都好吗？”

孩子回答说：“都好，谢谢您的问候。”

我随后问他：“你弟弟现在可能有点不太健康吧？”

朋友的孩子感到很惊讶地说：“威特叔叔，您是怎么知道我弟弟生病了的呢？”

我说：“因为刚刚过了圣诞节，我知道你的弟弟非常贪吃，圣诞节期间丰富的食物一定会让他大吃特吃，能不会生病吗？”事情果然不出我的预料。于是我就带着卡尔前去探望他的弟弟，到了朋友的家里，我们看到他的弟弟躺在床上呻吟不止。

我在跟孩子谈话的过程中知道了他身体不舒服的原因，跟我猜测的一样，就是因为过分贪食而生病了。我跟孩子交谈的同时，也注意到要让在旁边的卡尔知道事情的真相。

为了不让卡尔因有不良饮食习惯而受到伤害，我非常注重培养他良好的饮食习惯。在用餐的时候，我尽量让卡尔心情愉快地用餐，这对增进孩子身心各方面的发展都有帮助。

由此可见，食物不应当是对孩子的一种款待和满足，父母切忌用食物来讨好孩子，也不要用禁食来惩罚他。要把管教孩子跟食物之间的关系区分开来，给孩子营造一种轻松的用餐气氛和环境，让他能独立愉快地进食。

很多家长总是常常担心孩子不会吃或者是吃得太少，以至于用餐时如临大敌，用尽全部精力去管教孩子，甚至是全家出动为孩子服务：这样吃不好，那样吃不对，挑东拣西，这无形中给孩子造成一种心理压力。时间长了，孩子就将吃饭当成一种负担，这不仅会给孩子吃饭时带来负面影响，还会给家长带来不必要的麻烦。

事实上，家长只要给孩子提供足够的可以满足身体营养需要的食物就可以了，完全没必要担心孩子吃不好的问题。只要孩子不贪食，就应当让他感觉到吃饭是非常愉快和重要的事。

卡尔从来没有由于吃得过多而生病的经历。到朋友家里去做客或者拜访，主人常常要热情地拿出精美的点心之类的东西来款待。但无论是多么可口的糕点，卡尔都只是出于礼节象征性的吃一点，但绝不为美食所诱惑。朋友们看到他这样的表现，以为这并不是孩子真心的，也许是我对他严格管教的结果。其实这完全是卡尔自愿的，他已经养成了正确的进食习惯。

我的朋友们之所以会那样认为，是因为他们在用自己孩子的标准来看待卡尔，他们不知道卡尔的自制力。其实只要家长对孩子从小进行这方面的教育，他们也会像卡尔那样形成良好的进餐习惯。纵使孩子的年龄尚小，这也不是不可能做到的。

教孩子学会择友

◎ 卡尔·威特教育箴言

在孩子与他人交往的过程中，一定要教会孩子择友。孩子如果和好孩子交往，就会相互鼓励、相互促进；相反，如果和坏孩子交往，就会沾染不良习惯，甚至走入歧途。

没有朋友的人是既孤独又悲惨的，有个名人曾说过，没有朋友的人，相对于有朋友的人来说，自己只是半个人。这句话在成年人和孩子身上都适用。在孩子与他人交往的过程中，一定要教会孩子择友。孩子如果和好孩子交往，就会相互鼓励、相互促进；相反，如果和坏孩子交往，就会沾染不良习惯，甚至走入歧途。

我认为：孩子只要能接受良好的教育，完全能够成为有礼貌、有修养的孩子。但遗憾的是，很多家长并没有重视在这一方面对孩子的培养，教会他如何选择朋友。

在卡尔选择伙伴的过程中，我十分重视孩子的品质。如果我发现哪些孩子很野蛮时，就不让卡尔和他们玩了。毕竟孩子的心智不太成熟，如果没有受到良好的影响，很容易做出一些不好的事情。

有一个男孩叫安迪，他身体强壮、头脑灵活，具有很强的组织能力，有一群甘愿接受他指挥和领导的孩子，他常常带着那些孩子玩打仗的游戏。由于他“领导有方”，他所带领的一方总能打胜仗，但有一次，却出现了意外。

那天孩子们正在玩攻城的游戏，安迪把孩子们分成两组，一组充当敌人，一组充当守城的士兵。安迪是守城的将军，他爬上路边一辆拉货的马车，手里挥舞着一柄木制宝剑。指挥他的同伴说：“我们一定要守住阵地，消灭敌人。”

卡尔当时和安迪一伙守护城堡，充当敌人的孩子用木棍、石头等进行攻击，都被安迪击退了。但是局势越来越危急，“敌人”的攻击异常猛烈，安迪和同伴们有些应付不了了，突然，他们遇到了“敌人”的偷袭，安迪被“敌人”推下了马车，摔伤了。

当时，我正在家里和一位朋友讨论如何教育孩子的问题，突然，卡尔跑回家，恐慌地对我说：“爸爸，不好了，安迪出事了！”

从卡尔紧张的眼神中，我觉得事情一定很严重，赶紧和孩子赶到了出事地点。只见安迪伤得很严重，他疼得直叫，还流了很多血。孩子们告诉我，安迪摔下马车时正好被地下的镰刀弄伤了……

在把安迪送进医院之后，卡尔对我说：“我真佩服安迪，他是个真正的男子汉。”

我很奇怪地问：“卡尔，你为什么会认为安迪是个真正的男子汉？”

他回答道：“安迪很勇敢，他是为了守城才受伤的。”

我赶紧纠正他的观点：“孩子，安迪的行为并不是真正勇敢者的表现，那个把安迪推下马车的孩子的行为也是鲁莽的。”

他不理解地问我：“爸爸，您以前曾鼓励我要做一个勇敢的人，难道安迪还不够勇敢吗？”

我问卡尔：“你今天跟小伙伴儿们在一起做什么事情了？”

他回答说：“我们今天玩了攻城堡的游戏。”

我当时决定就用这件事情来教育卡尔，让他能够明辨是非：“卡尔，你崇拜英雄没错，但你要明白，男子汉不仅仅需要勇敢，还需要理智。既然你们是在做游戏，为什么要真的打斗呢？你想想，安迪在游戏中受了伤，他可能会对让他受伤的孩子心存怨恨，朋友有可能变成仇人，充满真正敌意的游戏是不利建立友情的。”

听了我的话后，卡尔说：“可我还是很佩服安迪，他是这些朋友里最勇敢的！”

于是，我进一步给他解释：“卡尔，你要知道，游戏和真实的生活是不同的，那些在真正的战场上跟敌人战斗的人才是勇敢的；安迪确实是个聪明勇敢的孩子，但不要因游戏伤了自己，更不要伤了朋友，这样会伤害伙伴儿之间友情的。”

我说完后，卡尔点了点头。

孩子年龄小，在做游戏的过程中，有时会由于无知使自己受到伤害，家长应该耐心地告诉孩子如何正确游戏。

我经常告诉卡尔，不能跟朋友们打架，那样身心都会受到伤害。孩子的心灵敏感而脆弱，在游戏过程中，如果受到意外伤害，很可能会滋生仇恨情绪，并让自己陷入孤立境地，甚至对他人产生敌意。

在孩子成长的过程中，家长要加以正确引导，让他们逐渐具备明辨是非的能力；为他们创造良好的成长环境，用各种知识和见闻充实他们的头脑，感受生活的乐趣，防止他们因为无所事事而养成打架等不良习惯。

在我看来，孩子的本质都是好的，关键在于家长的正确教育和引导。如果想让自己的孩子成为一个优秀的人，父母就要付出心血耐心教育。在伴随孩子成长的过程中，你会体会到孩子成长带给你的惊喜和快乐。

在给卡尔选择朋友的过程中，我总是让一些跟卡尔志趣相投的孩子在一起，他们在共同的学习和游戏中，各方面都得到了提高，更能体会到与朋友交往的快乐。

第六章

孩子的好性格培养

好性格是生命的圆镜，拂去尘土，本身就是光明。性格是出于自然的璞玉，关键在于打磨；性格是深井的沉香，一经开采，必将散发出迷人的芬芳。孩子的好性格的培养，其实就是父母对其拂尘打磨和开采的过程。

性格决定命运

◎ 卡尔·威特教育箴言

从一定意义上说，人的性格好坏决定了其命运的好坏。要想让孩子成为一个有做为的人，就要在他幼年的时候，开始培养他的好性格。

有的家长曾问我说："你在教育孩子时为什么总强调性格的塑造呢?"我告诉他们，相对于知识和能力来说，孩子的良好性格更为重要。从一定意义上说，人的性格决定了人的命运。人的发展需要在社会交往中实现，性格开朗大方的人比较容易获得人脉，在遇到困难时更容易获得他人的帮助，进而帮助自己摆脱困难；相反，性格内向孤僻的人一般很难与他人相处，并形成良好的人际关系，在需要协助时，往往是孤立无援的，能力和发展空间都会受到局限。可见，要想让孩子成为一个有作为的人，从小就要开始培养他的好性格。

从心理学的角度来看，性格是人对现实的态度和行为方式上所表现出来的心理特点。孩子的性格是内向还是外向，是孤僻还是开朗，与他的成长的环境、生活习惯和父母的教育有着很大关系。我一直很重视对小卡尔的性格培养，在日常生活中，我从不放过任何一个培养他性格的机会。

在小卡尔的成长过程中，我在保护他自尊心的前提下，通过观察他的行为来了解他的内心世界。当他遇到烦恼时，我会做他忠实的倾听者，让他把烦恼说出来；当他遇到困难的时候，我会及时引导他想出解决问题的办法。我认为，父母只有与孩子有良好的沟通，让他的负面情绪及时得到消除，才能保证让他成为一个开朗乐观的孩子。

小卡尔的活泼开朗与我和妻子在这方面的教育是分不开的，每天我回家，他总是会热情地跟我打招呼。可是有一天，我回家看到却是一脸忧伤的小卡尔，他静静地坐在院子里。我走到他身边，把手搭在他的肩膀上，问他："孩子，你遇到了什么不愉快的事吗?"

他只是看了看我，没有回答我的问题，悄悄低下了头。

我接着又问了他一遍，他还是不说话。

我看到他一反常态的表情，心想一定是有什么烦心事困扰了他，我一定要帮助他重新快乐起来。于是我耐心地对他说："卡尔，如果你遇到了什么问题，可以告诉我，爸爸一定会全力帮助你来解决!"

看着小卡尔无精打采的样子，我继续对他说："爸爸不愿看到你这样忧郁的样子。无论遇到什么事，只要始终保持乐观，就没有什么问题不能解决的。"

在我的耐心劝说下，小卡尔终于告诉我说："爸爸，我觉得自己不是个真正的男子汉。"

"为什么这么说呢?"我表示惊讶。

"我今天遇到了一个名叫肯特尔的男孩。他说我不如他强壮，还向我展示他的肌肉，说我不是个男子汉，他才是男子汉。"

小卡尔虽然长的不是很强壮，但是他很健康。为了不让他的自尊心受到伤害，就开始跟他谈论一些关于男子汉的话题。我告诉他："孩子，你要明白，一个真正男子汉的标志不光是身体强壮，他还需要有智慧、毅力、责任感和承受挫折的勇气。你现在年龄还小，身体肯定会越长越强壮，再说，你掌握的知识要比同龄人多得多，这些都有助于你的发展。肯特尔是农夫的孩子，平时肯定要帮家人干许多农活，再加上他比你年龄大，身体自然要比你强壮。我一直认为，你是一个非常乐观而独立的孩子，我希望你能够不被别人的评论所左右，而有自卑的心理。”

听了我的解释，小卡尔的脸上重新绽放了笑容。

在孩子遇到这样的问题时，我不知道其他父母是怎么处理的。在我看来，在孩子由于受到别人的嘲笑而产生自卑情绪的情况下，如果不能帮助他及时走出由此而造成的阴影的话，就会使他形成自卑的性格，影响孩子的心理健康。孩子在今后遇到类似的问题时，仍然得不到正确处理，日积月累，这些心理隐患会直接对孩子的性格产生负面影响，甚至会让一个活泼开朗的孩子变得孤僻另类。

在培养孩子形成好性格的过程中，遇到孩子出现内心纠结的现象，我总是设法解开孩子的心结，让他保持乐观和自信。因为这对孩子形成乐观自信的性格是十分重要的。

从小培养孩子的同情心

◎ 卡尔·威特教育箴言

同情心既是一种情感，也是一种能力。让孩子从小具有同情心是早期培养孩子好性格的一个重要环节。

我一直认为，一个人有无同情心标志着一个人有无爱心和感恩之心，发自一个人内心的同情心，是一个具有优秀性格的人的基本特征。

因此，我也认为让孩子从小具有同情心是早期教育的一个重要环节。同情心既是一种情感，一种好性格，也是一种能力。当他人遇到困难时，我们可以教育孩子为这些人提供力所能及的帮助，这会让孩子在今后的人际交往中赢得他人的好感，并与各类人建立良好的人际关系，在自己遇到困难时，同样也可赢得他人的帮助，让今后的发展有一个有利的环境。我经常跟小卡尔说，人的一生不可能孤立存在，总有需要别人帮助和帮助别人的时候，我们要学会关爱他人。爱是上帝赐给我们的美德，这种美德是纯真而美好的，一个充满爱心的人，当他悦纳他人的时候。他所收获的东西会让他一生受用。

为了让小卡尔对爱有更加深刻的理解，我经常从《圣经》和其他书籍中选取爱的故事讲给他听。

每天傍晚，我都会和小卡尔一起散步，并借机为他解答各种各样的问题。有一天，我们在散步时遇到了一个衣着褴褛的流浪汉，小卡尔感到奇怪，便问我："爸爸，这位先生丢了什么东西吗？他为什么要到处走啊？"平时，卡尔在提出问题后都会耐心地等待我的回答，可是这回，小卡尔没等我回答，就跑到那个流浪汉的跟前问道："先生，您为什么要在外面流浪？您需要什么帮助吗？"

流浪汉听了小卡尔的话，吃了一惊，他肯定在想，一个这么小的孩子（小卡尔当时5岁）竟然能提出这样的问题，可是，他还是回答道："我现在需要一个面包。"流浪汉说完之后，笑了笑，继续赶路。在他看来，这个小孩的话不过是一句无知的玩笑而已。

可卡尔却一本正经地对流浪汉说："先生，请您稍等一下。"说完，小卡尔往家跑去。

流浪汉停了下来，过来问我："先生，这是您的儿子吗？"

我回答："是的，他是我的儿子，叫卡尔。"

流浪汉又对我说："你的儿子很可爱，是个讨人喜欢的孩子。"

在等待卡尔的时间里，我和流浪汉聊了起来，他跟我说了一些他的情况和流浪的经历。

谈话间，小卡尔拿着面包跑了过来。在征得我的点头示意之后，小卡尔才把面包递给流浪汉，并真诚地对他说：“先生，请您收下吧，这是我和我的家人送给您的。”

小卡尔的这一举动让流浪汉特别感动并一再地重复这样的话：“人世间的温暖和美好真的存在！”

事后，我问小卡尔为什么要给流浪汉面包。他说：“爸爸，你不是经常告诉我行善的人才能接近上帝吗？我想您一定会同意我的做法。”

可以说，同情心是人的一种天性。但不是所有人的同情心在遇到需要同情时就都能释放出来，它需要正确的认识和引导，人才会不同程度地对他人表现出同情心。不同的家庭教育对培养孩子的同情心会有很大差异，有些父母以身作则，在日常生活中帮助和关心他人，他们的孩子也具有极大的同情心；有些父母自私自利，对人冷漠，他们的孩子原本具有的同情心并不会被激发，而是会被压抑、被封闭，甚至变得冷漠无情。

在培养卡尔良好的品性方面，我不教条地向他灌输大道理，而是通过现实生活中生动的例子来对他进行品德教育，让他最大限度地体会到善良和爱的存在，把高尚的美德内化于心，并在行动中自然而然地体现出来。

我常常告诉小卡尔：一个高尚的行为会让自己产生莫大的幸福感。品德高尚的人既能让自己保持良好的心态，也能帮助他人排解郁闷，让他们重拾往日的欢乐。小卡尔在长期的教育熏陶下，也深刻领悟到与一个学识渊博的人相比，一个品行高尚的人更能获得别人的尊敬。

如果你和我一样；希望孩子长大后成为一个有作为的人，就要在他幼年时就开始培养他的同情心、爱心和责任感。在父母的精心培育下，相信每个孩子都能成为德才兼备的人。

尽管孩子的年龄还小，但我们都不能小看他，更不能娇惯他。在家庭中，各个家庭成员都是平等的。3 岁的卡尔已经基本能达到自己的事情自己做，有时候还帮他母亲做一些力所能及的家务，例如扫地、擦桌子等。随着年龄的增长，他能做的事情也越来越多，而且每件事做的都不错。

从某个角度讲，同情心也体现为助人为乐，无论是帮助家人，还是帮助其他人，对孩子好性格的养成都是很有益的。只要一有机会，小卡尔就会主动帮助家人或其他需要帮助的人。大家都觉得他是个热心的好孩子，都非常喜欢他。

小卡尔为人友善，从来不和人发生争执，爱护动物和植物，是个充满极大同情心和爱心的孩子。他身上的许多优秀的性格特质和高尚的情操都让我充分体会到孩子好性格培养的重要性。

尽早培养孩子的自制力

◎ 卡尔·威特教育箴言

在孩子幼年时，就要对他进行正确的教育和引导，让他自觉用内心的力量约束自己的行为，养成具有优良性格的特征。

一般人都认为，小孩子是没有自控能力的，而且也不容易培养，但我对此却持反对态度。自控力和其他能力一样，只要做父母的善于引导和教育，孩子虽小，这一性格特征也是可以培养起来的。为了孩子的健康成长，孩子的这一教育不能拖延。

在孩子很小的时候，父母对孩子的教育是很关键的，如果教给孩子正确的规则，他就会知道什么事是被允许的，什么事是被禁止的。俗话说“积习难改”，如果等孩子已经养成了不良习惯再去纠正的话，要想改正孩子已经固化的行为，难度会很大。

在小卡尔1岁的时候，我就开始对他严格要求，几年的时间，他已具有了很强的自控能力，很少做出很冲动或不理智的事来。我认为，要培养出高质量的孩子，就有必要给孩子订立一些行为准则。我给他订立的行为准则很多，其中有一条是“如果洒了食物就要受到惩罚”。

有一次，我带6岁的小卡尔到一个牧师朋友家玩。第二天吃早餐的时候，小卡尔不小心弄洒了一些牛奶，他的脸马上红了，按照家里的规矩，他只能吃面包了。那天对他来说，绝对是一个考验。平时，卡尔就爱喝牛奶，而且那天的牛奶也是为他特别配制的美味牛奶，还搭配了好吃的糕点。面对自己的错误和美味的诱惑，他犹豫了一会儿，最后没有喝牛奶。面对所发生的一切，我都装作没有看见，只是暗中观察；牧师朋友的家人对此还感觉很纳闷，是配制的牛奶不符合他的口味？于是多次让他喝牛奶，小卡尔坚决地摇着头并且说：“由于我的疏忽，牛奶洒了，我就不能再喝了。这是我和爸爸共同制定的老规矩，我必须遵守。”

牧师朋友的家人又劝了小卡尔一会儿，他还是坚持不喝。最后，牧师对我说：“小卡尔才6岁，你就不让他吃自己喜欢吃的东西，这也太严格了吧？”

于是，我跟牧师朋友解释道：“卡尔不喝牛奶不是因为我不让他喝，而是他已经将那些规矩内化于心，所以就能自觉地控制住自己不喝牛奶。”牧师朋友听了我的话后还是半信半疑，于是，我对他说：“不信的话，你可以做个试验，我躲出去，你们让卡尔喝牛奶，看看他会不会喝。”

等我离开后，牧师朋友热情地招呼卡尔喝牛奶，但他坚持不喝。他们劝说卡尔：“快喝吧，我们不会告诉你父亲的。”卡尔仍然不喝，并说：“我不能撒谎，虽然父亲不知道，但上帝是能够看到的。”

牧师朋友对小卡尔说：“我们一会儿要去郊外游玩，你不吃点牛奶会口渴的。”

卡尔回答说：“不会的。”

这下，牧师朋友没有办法了，只好叫我进去，我听了牧师的介绍对卡尔说：“好孩子，你对自己的惩罚已经足够了。一会儿要出去散步，再说也不能辜负大家的好意，你可以将牛奶和点心都吃了，然后我们就出发去散步。”

在我的劝说下，卡尔才高兴地把牛奶喝了。牧师朋友全家对6岁的卡尔具有这么强的自制力而感到很不理解。我承认，与别的孩子相比，我对卡尔的教育是严格了点，但我掌握着一定的尺度，即：严格却不能让他感到痛苦。在他的成长过程中，他已经习惯了接受这种教育，一切自然而然，并不会因此而感到有什么不适应。

当然，父母是孩子模仿的对象和学习的榜样，要求孩子做到的，父母首先要做到，我信仰上帝，这一点毋庸置疑。我跟卡尔说过：“除了上帝和你自己，谁都无法约束你。”我对卡尔的严格要求，逐渐地转变成了他对自己的严格要求。在他很小的时候，就自觉地培养了这一性格。由于他从内心中已培养成了一种辨别事非的能力，所以，他从不做有损自己品行的事。在教育卡尔的过程中，我希望他能用内心的力量来约束自己的行为，这一点他做到了。由此可见，只要孩子从小能得到正确的教育和引导，他的自控力是可以培养起来的。

鼓励孩子做大胆尝试

◎ 卡尔·威特教育箴言

父母爱孩子是天经地义的，但是，爱一定要有限度，过多的呵护和爱会阻碍孩子的成长，要让孩子大胆尝试，从小就培养起不畏困难的果敢性格。

大胆尝试从未做过的事情，是一种果敢性格。这种性格的培养对孩子来说，是成年后建功立业所不可或缺的。

尝试是一种进取心，其实，在孩子稍微大一些的时候，就会产生自己尝试的需要。比如，有些孩子在 1 岁左右的时候，就开始尝试着自己用勺子吃饭，他的动作虽然有些笨拙，还不能完全把食物吃到嘴里，这都是很正常的。在安全范围内，父母可以让孩子多做类似的尝试，让他从小就培养起果敢的性格。

有些父母认为，孩子要到一定的年龄才能做某件事，对于这样的说法，我并不认同。我认为做某些事并非要等到孩子长到一定年龄，应该以孩子能接受为宜。为了让卡尔适应不断变化的世界，在他很小的时候，我就鼓励他在日常生活中不断尝试，而且对他的尝试毫不担心。要知道，孩子虽然很小，但他是很敏感的，他会从你的言谈举止中观察到你对他的态度。如果你给他的反馈是鼓励，即使第一次尝试失败，他仍有极大的热情去尝试，直到把这件事做好；如果你表现出对他的担心，他也会对自己失去信心，丧失进行尝试的勇气。

在卡尔两岁的时候，他已经养成了帮母亲收拾桌子的习惯，我们觉得这是一件很正常的事。来我们家做客的客人看到这种情况，都感到十分惊讶，他们会善意地提醒卡尔小心，不要把东西摔坏了。此时，我会告诉那些朋友不用担心，这些是卡尔已经很熟练的事务了。

孩子在尝试的过程中，肯定会付出一定的“代价”，比如心理受到挫折，弄坏东西等，这些“代价”对孩子的成长来说，是完全值得的；如果总是害怕孩子弄坏东西而不让他尝试，经常对他说这也不可以做，那也不可以做，就会极大影响孩子做事的热情，阻碍孩子创新能力的发展。

在培养孩子大胆尝试方面，我和妻子始终都能保持极大的决心和耐心，当卡尔自己穿衣服把衣服穿错时，我们会边鼓励边讲解，直到他能正确穿衣为止；我还会让卡尔自己收拾房间，即使他做的不是那么理想，对他勇于尝试的行为，我还是会给予极大的肯定。

应该说：一个人具备的各种经验和技巧，多数是通过大胆的尝试而来的。孩子在尝试过程中由于没有经验而出现失误，是很正常的事，此时，父母应该鼓励孩子，并对他给予正确的指导，进而增强孩子的自信心和敢于尝试的勇气。我在教育卡尔的过程中，总是鼓励他去做一些他没有做过的事情，当他遇到困难时，我会给予他一定的指导，然后鼓励他自己去解决。

卡尔从小时候就养成了一种有规律的生活，他会把一天需要做的事情列出计划，然后严格按照计划去做，因此，他能很好地兼顾学习和个人爱好，能充分利用时间，在扩展自己的知识面的同时，各方面都能得到均衡的发展。在我看来，对孩子从小就培养他勇于尝试的性格，看似有点不近人情，但对他今后的发展绝对是有好处的。

教会孩子如何面对失败

◎ 卡尔·威特教育箴言

失败并不可怕，可怕的是失败了之后不能鼓起战胜失败的勇气。因此，有必要在孩子很小的时候，就开始培养他乐观积极的性格以及战胜失败的勇气。

孩子可能还不懂什么是失败，什么是成功，但孩子懂得对自己做不成的事情很沮丧。因此，做父母的有责任从小教会孩子什么是失败，并勇于面对失败，而且有必要在孩子很小的时候，就开始培养他乐观积极的性格以及战胜失败的勇气。

在卡尔5岁的时候，我就已经着重培养他敢于面对失败、战胜失败的勇气。导致失败的因素很多，对于孩子来说主要是没有经验，缺少心理承受力。在他尝试失败之后，我们一定要帮他知道失败的原因，缓解他的心理压力，并通过不懈的努力最终让他取得成功。在屡次失败之后取得成功，会给孩子带来更大的成就感，也能增强他的自信心和战胜失败的勇气。

在卡尔学习说话和走路的过程中，也出现过失败的情况，但我们总是怀着极大的耐心让他不断尝试。在我们的鼓励下，最终都取得了成功。可见，在面对多次失败的情况下，给孩子多些积极的暗示和指导，会给孩子带来无限的力量，让他更加勇敢地面对失败。

那么，如何培养孩子能超然面对失败的心理呢？这要从帮助他了解导致失败的因素入手，克服畏惧失败的心理等。其中，克服畏惧失败的心理需要自身的努力。对孩子来说，如果长期受到畏惧心理的影响，就会使他增强对做事的恐惧感，进而对做事丧失兴趣，慢慢地，孩子活动的范围和视野都会缩小，性格和心理健康也会因此受到负面影响。

为了培养卡尔勇于面对失败的勇气，在保证安全和不影响他人的前提下，我都鼓励他去大胆做事。因为只有没有心理负担的孩子，才能在面对失败时，也能保持乐观心态，并能在父母的正确引导下，最终把事情做完美。此后出现类似的情况时，他都能完全独立地从容应对，进一步增强了战胜困难的信心和决心。

有些父母怕孩子犯错或失败，宁愿代替孩子做事，殊不知，这种过度的爱会让孩子逐渐失去独立的能力，对他今后的人生发展很不利。父母在教育孩子的过程中，一定要适当放手，该孩子独立完成的事要由他独立去做，这样，他长大后才能有所作为。在卡尔很小的时候，我就开始锻炼他的独立意识，凡是涉及他的事情都尽量让他自己去做，在他遇到困难时，我会跟他说"你不妨这样做做看"，在我的指导下，他一般都能顺利地把事情做好。

我和妻子都很注重卡尔乐观性格的培养，在他取得成功时，我们告诉他不要骄傲，并记住成功的经验；在遭受失败时，我们鼓励他不要灰心，并适当地给他提供帮助，让他通过自己的努力，最终取得成功。在一次次战胜失败之后，小卡尔的性格变得更加乐观了。

让孩子拥有勇气和自信

◎ 卡尔·威特教育箴言

勇气和自信是一个人必备的品质，父母要经常鼓励孩子，让孩子从小就培养起一种勇敢和自信的性格。

毋须置疑，一个拥有勇气和自信的人，是一个拥有优秀性格特征的人，勇气是和胆量联系在一起的。一个孩子具有的胆量生来是不一样的，有些孩子天生胆量小，害怕生人，不敢表现自己，这种性格对孩子的学习和以后的工作、生活都将产生不良的影响。

勇气是一个人积极进取的动力，我对卡尔进行教育的过程中，就把勇敢性格的培养当做一项非常重要的内容。让他在心中树立这样一种观念：胆小懦弱被人蔑视，勇敢坚忍受人尊重。

但是，每个家长都担心孩子受到意外的伤害，而减少他们单独做事的机会。我想，这是不理智的，如果仅仅担心孩子的安危，过分地强调危险性，孩子得不到锻炼，勇气就无从培养。对于孩子来说，是否具有勇气和自信心，关键是他能否获得你的鼓励。如果你时常对他说："大胆去做吧！"这种鼓励会让他充满自信，让他有勇气去做一切他想做的事。

家长害怕自己的孩子受到伤害，其实，即使伤害也是极其有限的，这种为了避免受到伤害而制止行为，其实是目光短浅的表现。要培养锻炼孩子的勇气，也可以说是对家长自身勇气的一个考验。

我们让卡尔从小就知道勇气的价值。有一次，他跟小伙伴们在一起玩游戏时，手指不慎被同伴弄出了血，疼得都快流出眼泪来了。但是他仍然在心里不断地告诫自己："我是男子汉，要坚强勇敢！一定不能流泪！"结果，他强忍住痛楚，仍装得若无其事跟伙伴们继续玩耍。

卡尔后来跟我说："我不能让伙伴们看到我的软弱，如果我哭了，同伴们会看不起我的，也许以后再也不会跟我在一起玩耍了。"

我很敬佩那些让孩子成为勇敢者的家长们。相对来说，我觉得英国人在这方面比我们做的好，他们的学校经常带由小学生组成的童子军去野外探险，让孩子们在险恶的环境中生存。这样做的目的就是培养锻炼孩子的勇敢性格和探索精神，以及在艰苦恶劣的环境下继续生存的本领。

我曾听说过：在英国的瓦伊河畔，有一所河流探险训练中心是由少年探险组织建立的，它专门为孩子们提供进行探险活动的机会，以此来训练他们的勇气和坚强的意志。

在这里接受训练的孩子们每天一大早就来到河边，由专门的负责人来教他们游泳和划船。训练往往是紧张而艰苦的，每一次练习都会有孩子落水，也会有人受伤。孩子们在激流中拼搏必须具有坚强的意志和勇气。他们通过训练，在这里不仅学会了游泳划船等技术，更重要的是培养了孩子的意志和勇敢精神，他们同时也懂得了互爱和团结精神。

英国不少地方都有很多类似这样的活动，其目的不单是让孩子学习某种技巧和能力，重要的是锻炼他们的意志和勇敢精神，为他们日后的工作和生活做好全面的准备。我认为，英国人的这种教育方法是值得我们借鉴和学习的。

一些在成年人的眼里看来是非常危险的，甚至是不适合孩子们做的事情，对孩子们来说也许是完全能做的。遗憾的是，家长们缺乏对孩子能力的准确认知，出于迂腐的爱心，家长们阻止他们去探索新的事物和环境，错过了孩子锻炼自身的良好机会。我觉得在父母的这种呵护下长大的孩子，会缺乏应对困难的勇气，这对他将来的人生会有非常不良的影响。一个人能否获得成功的重要因素，就看他是否具有勇气和自信心。自信心在处境非常困难的时候，尤其显得重要，而最终决定事情成败的关键则看他是否具有足够的勇气。即使在卡尔很小的时候，我和妻子都不会主动去替他做事，甚至某些对孩子来说有些困难的事情也一样。这样做的目的，就是增强孩子独立做事的能力，培养他敢于面对挑战的勇气。这样做虽然看起来有些残忍，我们认为，这样做恰恰会给孩子一个美好的未来。过分保护只会让孩子成为弱者和懦夫，日子久了，孩子只会认为自己没有能力去做任何事，从而成为社会上的多余的人。

一个孩子的肢体受到一点伤害是很容易治愈的，但是他的勇气和自信受到伤害，也许一辈子都难以复原。

做父母的应该懂得，让孩子做事的过程中，磕磕碰碰的事情是不可避免的，意外伤害在日常生活中也是随处可见的。但不能因此就让孩子去逃避各种危险，而是要让他学会去面对和忍受，因为孩子长大成人后的生活环境也许比当前更加残酷。因此，从小培养孩子的自信独立和勇敢精神，就是为了他进入社会中可以更好地生活工作。我是按着生活的正向逻辑来教育孩子的，从来都不过分地宠爱他，为的就是这一点。

还有一种情况，在教育孩子的过程中不少家长最容易犯错误，就是在孩子还未做事前就认为孩子会做不好，因此，他们总要替孩子们来做。其实家长这样做的结果，只会让孩子渐渐地对自己失去信心和努力探索追求的精神，也会让孩子失去锻炼自己的自觉性。家长们不懂得只有让孩子通过各种锻炼和磨炼，才可以让他们成长为一个真正有用的人的道理。

我教育卡尔的时候，会主动避免这种先入为主的错误做法，常常是用激励的办法去鼓励孩子积极主动地做事，并且不会考虑孩子的年龄太小而去阻止他。

通常我在鼓励卡尔去做一件事之前，就坚信他完全可以做好。我觉得孩子跟成年人一样都可以将事情做好，所不同的是，他们需要大人的正确指导，孩子应该随时学习生活的本领，即使他学得还不到位或者经常犯错误也没什么关系。如同成年人在学习和工作中也会有成功和失败一样，不能因为事情做得不成功而去剥夺孩子发现自身价值的机会，我经常鼓励孩子积极主动地去做事情，做成了不过分地表扬他，做不成也不去打击他，让这成为一种自然而然的行为。

孩子们其实有时候也特别反感家长给他过分的呵护，正如一个孩子曾跟我说的那样："我希望爸爸妈妈不要总是过问我们做的事情，总是过于细致地表现出关心，就好像我的能力很低下，这样会让我在朋友们面前很没面子。"

其实，家长们越是担心孩子去冒险，越是阻止他们去做事，孩子就越会反感，时间久了就会形成逆反心理，固执地去做家长们不让他们做的事情。但这会与顺心的去做结果会不一样的，顺畅的做事与斗气做事成功机率是不一样的，这一点非常的重要。家长没有必要处处操心，事事包办，其实很多事情孩子自己完全能够做得很出色。

教导孩子学会克制

◎ 卡尔·威特教育箴言

作为一个称职的父母，要教给孩子：保持良好的心态，学会克制。因为心胸狭隘就不能理解他人，无克制的交往，容易形成偏激的性格。

一个人可以有充分的想象自由，但不可以有肆意的行为自由，因为肆意的行为往往是以违反特定的行为准则，给别人或自己造成伤害和悔恨为代价的。那么，怎样才能有效避免自己的肆意行为呢？那就是学会自我控制，并且从小修炼。

孩子们在交往的过程中，往往会出现这样那样的小矛盾，这些事情看起来虽然很小，但是如何处理你对此抱什么样的态度，却关系到孩子未来对待人生的态度以及社会交往能力等大问题。

我教育卡尔与人交往的准则是：保持良好的心态，学会克制。因为心胸狭隘就不能理解他人，无克制的交往，容易形成偏激的性格。

卡尔非常受伙伴们的欢迎，他从来不会跟别人打架。甚至在一些坏孩子对他做出非常粗鲁的行为时，他也不会与人家闹翻。直到卡尔已经14岁的时候，他跟伙伴们之间都没有发生过非常不愉快的争吵。在大学里求学时，卡尔常常和同学们讨论学术上的问题，遇到意见不合时，卡尔会非常注意克制自己，避免伤害到彼此间的关系。在学校里，卡尔比同学们的年龄都要小，起初有些同学因此妒忌他甚至会欺负他。但是因为卡尔处事理智宽容，慢慢地赢得了同学们的尊重和友谊，有些人成为他非常要好的朋友。我为此欣慰而感动。

我不会像其他父母那样，为了避免可能的冲突而禁止卡尔跟伙伴们玩耍，但是我会时刻关注他们的交往过程，时刻提醒卡尔别忘了克制。人与人之间总会产生摩擦，懂得克制，大家就会自然而然地忍让，避免和减少产生过激行为的可能。

值得庆幸的是，卡尔没有沾染上肆意而为的性情；遇到冲突甚至还会想出妥善的解决办法。正因为如此，凡是和卡尔交往过的人大都很喜欢他。我曾带卡尔游玩过许多地方，结识过形形色色的人，每到临别时，那里的朋友总是不舍得让我们离开。

我教卡尔克制并非让他一味地无原则地忍让畏缩，更不是让他夹着尾巴做人。事实上，当有人挑衅涉及做人的尊严时，卡尔会严肃但礼貌地加以维护，面对毫无原则的人和事，他也会坚决地予以拒绝和抵制。

我常常对卡尔说，一个人如果不懂得克制，往往被人看得轻浅、无知，认为你经受不住痛苦、挫折和失败。一个人沉不住气，又怎能挑起重担，成为有用的人呢？

第七章

做世界上最优秀的孩子

望子成龙是每个做父母的最大期望，为了让孩子能成为一个博学多才的优秀人才，每个做父母的都愿意付出最大的牺牲。然而，能成为出类拔萃的孩子并不多见，也不说明成为优秀人才的孩子是个天才，而所谓的天才主要是源于父母的正确教育。在有的父母，认为自己的孩子只应该是吃好、喝好、玩好、享乐好的时候，而有些父母已经让自己的孩子学到了很广博的知识，这就是有很少一些人能成为优秀孩子的原因。

通过早期教育，孩子是可以创造奇迹的

◎ 卡尔·威特教育箴言

实践证明，从小就对孩子加强正确教育，可以提高孩子成为天才的几率。

在许多家长看来，7 岁以前的孩子还只是个玩童，到了 7 岁以后，孩子才正式入学，可我的小卡尔在 7 岁多一点的时候，就已经掌握了很丰富的知识，并且引起了当地知识阶层的极大兴趣。他们对此口口相传，不乏持有怀疑者。很多人希望对他进行测试，我表示同意。

1808 年 5 月，琼斯·兰特福先生，一位任教于梅泽堡学校的教授找到我，希望我能允许当着他的学生的面来测试卡尔，以便能激起他的学生的学习热情。对此，我并不担心卡尔的能力，但我很担心这样会引起卡尔自满的心理，所以我提出了几个条件。第一，测试的事，先不要告诉他。第二，要叮嘱学生们不要随意地表扬和赞美卡尔。第三，必须要有一个借口让我一同前去，比如，让我去做学生课堂表现的评判。

兰特福先生答应了我的条件，在他的正式邀请下，我带着卡尔参观了他们的学校，最后我们走进教室，坐在最后一排。

当时上的是希腊语课，这堂课讲的是《波鲁塔克》，兰特福先生问了学生们几个有难度的问题，没人回答得出；于是他请卡尔来回答，卡尔轻松地回答了这些问题，这让在场的学生很惊讶。

接下来，兰特福先生把一本拉丁语的《凯撒大帝》交给卡尔，并就这本书提出了一些问题，卡尔同样对答如流。

为了当着学生的面进一步测试卡尔的知识，兰特福先生又让卡尔朗读一本意大利文的书，卡尔读得也很流利。

后来，兰特福先生又想测试卡尔的法语水平，但手头没有找到合适的书，就索性用法语和卡尔进行对话，令他吃惊的是，卡尔能够十分娴熟地用法语回答他提出的所有问题。

最后，兰特福先生又当着学生的面向卡尔问了一些希腊的历史和地理方面的问题，卡尔也全都作出了圆满的回答。

对于这次测试结果，没过几天，《汉堡通讯》做了报道，并说这是“本地教育史上的一起惊人事件”，报道内容如下：

“卡尔·威特简直就是一个天才，他是洛赫村威特牧师的儿子，他健康活泼、才华横溢，博学多才。

一个孩子能够在身体、精神和学问上都发展得这么优秀，与他受到的教育肯定有很大关系，但具体的教育方法，威特牧师没有详细说。”

不久之后，各地报纸纷纷转载了这篇报道，卡尔很快成为德国家喻户晓的人物，很多教育家和学者慕名而来，他们在具体了解了卡尔之后，都十分佩服他。并且，向所有的家长介绍说，卡尔的成功，不是对天才的证明，而是对从小教育可以增强孩子成为天才的几率的实践。

关于这一点，我认为很有意义。

成为莱比锡大学最小的学生

◎ 卡尔·威特教育箴言

9岁的卡尔在智力和学识上甚至已经超过了十八九岁的年轻人，它标志着，在正确的教育下，孩子是可以超前完成学习任务的。

在德国一直都具有尊重学者的传统，这是德国得以繁荣昌盛的原因之一。在卡尔成为德国家喻户晓的人物之后，一位莱比锡大学的教授决定让卡尔去那所大学读书，并委托托马斯中学的劳斯特博士对卡尔进行测试。

起初，我担心测试效果不好会打击孩子的自尊心，后来，我了解到劳斯特博士是一个通情达理的人，同意了这样做。

1809 年 12 月 12 日，劳斯特博士以谈话的形式对卡尔进行了测试，测试结束后，劳斯特博士为卡尔写了一封入学证明书，内容如下：

“今天，我对 9 岁的卡尔 · 威特进行了测试，我用《伊利亚特》中的选段测试了希腊语，用《艾丽绮丝》中的选段测试了拉丁语，用伽利略作品中的选段测试了意大利语，用一本法语书中的选段测试了法语。所选内容难度虽然很大，但卡尔却相当出色地回答了所有问题……

他不仅具备出色的语言能力，而且学识渊博，理解能力也很强，这么优秀的少年是威特牧师精心教育的结果……

综合来看，他完全具备了上大学的条件，这无论对他的发展，还是对教育研究来说，都是很有好处的。”

收到劳斯特博士的这封证明书后，莱比锡大学让卡尔在 1810 年 1 月 18 日去报到。卡尔成了莱比锡大学最小的学生。

在送卡尔入学时，我见到了校长琼斯博士，我们聊了很长时间。随后他给市政官员发了一封信，内容如下：

“卡尔 · 威特是洛赫村的威特牧师的儿子，在威特牧师的早期教育下，9 岁的卡尔的智力和学识甚至已经超过了十八九岁的年轻人。

卡尔具备很强的语言能力，能自如地使用德语、英语、法语、意大利语、拉丁语和希腊语进行阅读和翻译。许多测试过他的学者也为他的才华感到惊讶。在接受国王测试时，他也表现出色。

卡尔具备的文学、历史和地理等渊博的知识，得益于威特先生的教育，他的教育方法和卡尔的学识同样让人赞叹。

天才卡尔乐观开朗，身体健康，虽然被人们的赞美所包围，却能始终保持谦逊，实在难能可贵。如果能继续保持这种良好的状态，他以后必定会大有作为。

威特先生是个牧师，生活在农村，收入微薄，他倾尽全力教育卡尔。但如今卡尔要来城里上学，他很想来到城里，在大学时对卡尔继续进行教育，而由于职业的关系，让他放弃牧师职务到城里来教育孩子又不太现实。因此，只要大家每年捐 4 马克，威特先生就能继续教育他的孩子。希望大家踊跃捐款，每年 4 马克，捐助 3 年。

这是很有意义的一件事，大家肯定不愿看到一位天才被埋没。同时，威特先生的教育方法对本地的孩子和教育研究都大有裨益。因此，衷心希望各位踊跃参与这项伟大的事业。”

在这封信的影响下，善良的人们踊跃捐款，筹到了 8 马克，远远地超过了预定的数额。不仅如此，当地政府聘请我去那里从事牧师职业，给我发双倍的薪水，所有这一切，我认为都缘于对卡尔成功教育的结果，它让人们有信心、有热情地教育下一代。

十四岁少年获得博士学位

◎ 卡尔·威特教育箴言

14 岁的孩子，能被知名大学授予博士学位，是对从小抓孩子教育教育成绩的肯定，更是对“世上无难事，只要肯为之”的肯定。

我们对卡尔的教育在他 14 岁的时候，得到了回报，这让我和妻子兴奋不已。1814 年 4 月，卡尔去维茨拉尔旅行，并在那里参观了吉森大学。学校的哲学教授们都非常欢迎卡尔，和他讨论各种学术问题，并认同他在 1812 年公开发表的学术论文，最后，校长赫拉马莱授予卡尔哲学博士学位。这时卡尔才只有 14 岁。

接着，卡尔访问了马尔堡大学，同样受到师生们的热烈欢迎，校长本来也准备授予他哲学博士，但却被吉森大学抢先了一步。

卡尔在哥廷根大学最后一学期的学费是由布朗斯维克、汉诺和黑森三国政府资助的，因此，我们去布朗斯维克领取学费时，政府人员将我们介绍给布朗斯维克公爵认识。当时公爵正要外出，但还是抽出时间热情地接见了我们，并建议让卡尔去英国留学，他表示，如果我们同意，他本人愿意资助孩子的学费，并将我们推荐给他英国的亲戚。

我们去汉诺威领取学费时，当地有许多学术团体邀请卡尔作报告。由于卡尔之前的数学报告受到了人们的好评，因此，他们希望卡尔谈谈数学方面的问题，卡尔愉快地答应了，并在当地中学的大礼堂里作了一次报告。

当时，许多当地的知名学者都去听了演讲，他的演讲生动流畅。那几天，卡尔每天都很忙，要到深夜才能休息，根本没空准备演讲稿。他的演讲如此精彩，以至于有些人怀疑他用了演讲稿。为了消除人们的疑虑，卡尔就索性走到场中继续讲演，场下立刻爆发出一阵热烈的掌声。

演讲结束后，政府不仅认同他的学识，而且还增加了给他的资助。

肯布里基公爵也愿意资助卡尔学费，并推荐他去英国留学。

我们去黑森时，也受到同样的热烈欢迎，并多次受到宫廷中的款待。

卡尔从哥廷根大学毕业之后，我一直在考虑他今后的发展。如果想让他成为名人，钻研以前所获得的成果的某个领域是个捷径。但经过慎重考虑，我放弃了这个选择，因为这样做只能让孩子成为局限在一个领域里的学者。为了能让卡尔学到更多的知识，我最终决定让孩子去学法学。

一位数学教授知道这件事后，特别惋惜地对我说：“他是个很有数学天分的孩子，如果让他继续攻读数学，他在数学领域的前途不可限量，可你为什么决定让孩子去学法学而不学数学呢?”

我对这位数学教授说：“对孩子来说，18 岁以前应当学习所有的知识，18 岁以后就应该选择他的专业方向，如果卡尔到了 18 岁很喜欢数学的话，那就让他学习数学。”他认为我说的有道理。

从此，卡尔就进了海德堡大学学习法学，在那里，他成绩仍然优秀，很受老师和同学的欢迎。这让我和妻子深为自豪。

下辑

小卡尔·威特的教育

早期教育是让孩子拥有非凡才智的关键，作为父亲教育方法的受益者，希望通过我的归纳和总结，让更多的父母从中得到启发。

——小卡尔·威特

>>>

第八章

父母开启孩子非凡的人生

每个人都有过做孩子的经历，但遗憾的是，绝大多数人即使早已成了成年人，可仍没有做出不平凡的业绩，当然，这里面的原因很复杂。可有一点则很重要，即：受教育要“及早”，“及早”的内涵很广，它包括：在孩子能够接受教育之前，就要做好对他进行教育的一切必须的准备。

多数的孩子都可成为英才

◎ 卡尔·威特教育箴言

后天教育比天赋更重要，一个人要想成才，就要在很小的时候接受恰当的早期教育。

关于我，许多人和媒体都宣称我是一个天才，对此，我并不这样认为，我更认同我之所以有不俗的表现，那取决于父亲对我的教育。父亲也常常提醒我不要把自己当成天才或神童，因为在我出生的时候，由于早产，大脑的发育比同龄孩子慢一些，在村里，有人甚至说我是白痴。只是当我后来取得了一系列的成绩之后，人们才改变了这样的看法。在父亲的教育下，我八九岁时就已通晓动物学、植物学、物理学和化学，尤其擅长数学，并且能自由运用德语、英语、法语、意大利语、希腊语和拉丁语六种语言；9 岁考入莱比锡大学；10 岁进入哥廷根大学；13 岁出版了《三角术》；14 岁被吉森大学授予哲学博士学位；16 岁又被授予法学博士学位。在这些成绩面前，人们说我是一个天才，拥有过人的天赋。对此，我并不认同。

因为，论天赋，我和其他孩子差不多，在格拉比茨牧师看来，我甚至“比别的孩子略逊一筹”，人们过多地关注我的天赋，而忽略了父亲科学的教育方法。格拉比茨牧师就曾经说过：“作为老威特的朋友，我了解他的教育方法，卡尔具备的才能不是天生的，而是老威特教育的结果。卡尔小时候的情况我也很了解，他算不上什么天才，如果说卡尔是天才的话，那么每个孩子都是天才。”我同意格拉比茨叔叔的观点。

在教育我的过程中，父亲费尽心血。为了让我养成谦虚的品质，在我小的时候，因我小有名气，父亲总是再三提醒别人不要当面夸奖我。因此，在我小的时候，我觉得自己与其他孩子是一样的。后来在整理父亲手稿的过程中，我深刻体会到了父亲对我的希望，他希望我成为一个健康、快乐、高尚、谦虚的人。为了不辜负父亲的期望，我一直按着父亲的要求在不懈地努力。

我父亲的教育理念是后天教育比天赋更重要，一个人要想成才，就要在很小的时候接受恰当的早期教育。父亲提出这个观点的时候，虽然没有多少事例做依据，也没有相应的理论做支撑，但在几十年后，他的观点得到了学术界的认可。

1853 年，在进行了长期的调查研究后，霍耶斯特教授得出结论：不分人种和地域，人的大脑功能都是一样的。当然也存在一种特殊情况，那就是白痴和正常人的大脑功能是存在差异的。

而现实中，人的智慧和才能表现出差异只能在教育中去找原因，每个人天生的大脑功能都是一样的，后来之所以出现了差异，是由于大脑功能锻炼的程度和方法不同造成的，而决定孩子智力发展的关键时期就是从出生到小学这个阶段，孩子在这个阶段能否接受良好的教育，是他是否能成才的关键。换言之，天才和普通人的区别在于教育方式的差异。

霍耶斯特教授在和我谈起他的测试时，对孩子的能力赞叹不已。他告诉我，对成人来说都很复杂的文法，孩子们却能在短时间内记住；他们还具备在混乱的词语中找到规律，并把这些词语归类的能力；孩子在很小的时候，可以接受庞大的信息量，具备超强的学习能力。从这个意义上说，只要教育方法得当，每个孩子都是天才。

早期教育是让孩子智力得到开发的关键

◎ 卡尔·威特教育箴言

要保证孩子的天赋能充分发展，需要抓住教育孩子的关键时期，为孩子将来的发展打下牢固的基础。

我们知道，一个具备了非凡才智的人才可能会成为优秀的人才，也就是说，要成为一个优秀人才的前提是他必须具备非凡的才智，这是一个事实，人们对此并无异议。但人们关心人的智力从何而来，缘何有差异。关于这个问题，我父亲早在几十年前就谈到了。他认为应该从孩子出生起，就开始对他进行教育，早期教育是让孩子拥有非凡才智的关键。

凯姆尼茨博士 30 年前通过在杂志上发表论文，提出孩子具备超强的学习能力到七八岁时开始减弱，其他素质也会慢慢退化。他的观点在当时一些教育权威看来，是十分荒谬的。随着关注的人多了，研究的多了，他的观点已经发展成为一门学问，大量的研究数据也表明，孩子的语言等才能在接近 8 岁时就开始下滑，这对凯姆尼茨博士的结论提供了佐证。

父亲认为，孩子的年龄越小，就越容易具备天才的素质。霍耶斯特教授进行的音乐测试也证明了这一点，孩子大约从 1 岁多的时候开始表现出音乐方面的创造才能，在 8 岁时结束。霍耶斯特教授还对孩子的绘画才能进行了研究，提出为了开发孩子具备的天才素质，要尽早对孩子进行良好的教育，如果错过了教育的时机，他们在语言、艺术等各方面的才能就会逐渐消失。

研究表明，人和动物都具有本能，但动物的本能在一出生时就能表现出来，而人的本能是在后天的生产和生活中，通过与外界进行信息交换而逐渐表现出来的。刚出生的婴儿，生理和心理上的功能尚未成熟，为了适应环境，他具有一种特殊的感受力，能从复杂的环境中自动选择自己所需要的信息，这种感受力虽是与生俱来的，但到了6岁以后就减弱了。

孩子身上具备的这种特殊的学习能力只能存在一段时间，因此，我们要尽早地给孩子适当的教育，留住这种资源，不致于让它们丧失。

婴儿与成人认识新事物的方式不同，婴儿面对陌生的世界，只能通过眼睛、耳朵等感觉器官搜集信息，并把这些信息转化成自己的知识；而成人则可以通过已有的经验来认识新事物。

出于婴儿大脑发育的需要，在他很小的时候，做父母的就要保证他能受到足够的外界刺激，以便让孩子能获取更多的信息。信息积累是一个从无意识到有意识的过程，孩子大约在3岁的时候，就开始有意识地积累各种信息来发展自己各方面的能力。

大量科学研究表明，婴儿出生后的前3个月是大脑功能形成的重要阶段，也是智力发展的关键时期。婴儿来到这个世界后，就会对感官接收的各种外界信息进行归纳整理，在这一时期，父母如果能对孩子进行视觉、听觉等训练，就能为他的感官和智力发育奠定良好的基础。

孩子的智力发育是遵循一定的规律的。一般来说，3岁前是孩子智力发育的关键时期；6岁时，孩子的大脑发育已经完成了80%；7岁时完成了90%，也就是说，在学龄前，孩子的智力发育已经基本完

成了。如果一个孩子到了 7 岁还没有受到适当的教育，那么，他的发展潜能就会大打折扣。

霍耶斯特教授在其所著论文《人类的智力特征》中首次披露了一个惊人的事例：

英国博物学家爱德华博士在南荚发现了一个被狼养大的孩子，他收养了这个男孩，给他取名阿尔培。阿尔培是个印第安男孩，他被收养时还不到 7 岁。

阿尔培还是婴儿的时候就被母狼叼走了，在狼群中生活了 6 年多，他喝母狼的乳汁长大；稍大一些的时候，开始以生肉为食，并像狼一样用四肢走路和奔跑；他的视力和嗅觉都很灵敏，吃东西时直接用嘴去咬。在爱德华刚收养他的时候，他仍然保持着狼的习性，爱吃生肉；听声音时，耳朵会竖起来；生气时，会张大鼻孔；他还害怕火等亮光。

爱德华尝试着让阿尔培回归人类生活，让他多和其他人接触，但他总是充满警惕，很难和其他人亲近。直到几年后他才学会用两只脚走路，用手抓食物吃，但却始终无法养成正确的喝水习惯，仍然用舌头舔水喝。

阿尔培的饮食习惯在他被收养了6年后才得以改变，不再吃生肉。但他对猫狗之类的动物始终保持着极大的兴趣，看到它们时，有时会表现出亲热的姿态。当阿尔培和爱德华两人在一起散步时，他有时仍会用四肢奔跑。

学习语言对阿尔培来说则更难了，他用了近3年时间，才能说清楚“吃”和“喝”两个字。学了4年，他只能说7个单词，只能大概听懂别人说的话。

阿尔培学会使用简单的餐具，知道在厕所大小便则用了5年的时间。

阿尔培活了16年，他在狼群中生活的6年使他错过了接受教育的最好时机，即使后来爱德华用10年的时间来教育他，他的智力仍然恢复不到与其他同龄孩子的水平。

通过这个例子，我们可以得出结论，一个人幼年时的生长环境对他的一生具有巨大的影响。如果错过了接受教育的最佳时期，即使像爱德华博士这样的专家，也无法把阿尔培教育成具有正常智力水平的人。

可见，要想充分发挥孩子的天赋，就要抓住教育孩子的关键时期，对他进行适当的教育，为孩子将来的发展创造条件。

孩子是否优秀取决于父母

◎ 卡尔·威特教育箴言

孩子能否成为优秀的人，取决于父母对孩子教育的关注程度，关注强，则孩子可成为人才，关注的不够，则孩子可能只是个庸才。

我的成长经历让我深切地认识到：一个孩子能否成为优秀的人，取决于父母能为孩子做些什么。在这点上，我和我的父亲有着共识。

我父亲曾经阅读过许多历史著作，他从中发现了一个值得深思的现象：那就是多数的伟人子女却往往是平庸的，他们很难企及父辈所能达到的成就。而从遗传学的角度来看，伟人的子女与普通人的子女比起来，先天素质上应具有更大的优势。可他们为什么大都流于平庸呢？父亲认为，这主要是因为伟人往往忽略了对孩子的教育所致，他们总是忙于自己的事业，而却没有足够的时间和精力去考虑如何教育孩子。即使到今天，这种令人遗憾的事情依然在不断重演。

一个孩子在长大成人后能否拥有健康的人格和幸福快乐的人生，在很大程度上取决于他以什么样的态度与人相处。如果我在这方面体现得优秀一些的话，要归功于我的父母在这方面对我的言传身教。这是一种无声无息的感化，令人感怀至深。

作家丹佛·卡斯洛认为，世界上不存在家庭生活以外的女性，一个女人只有做了母亲才算真正的女人，而孩子的一切都应该由母亲来负责。母亲所起到的为孩子创造安定生活环境的重要作用，是任何人都无法替代的。

随着现代社会的发展，开始出现一种新的观点，认为母亲们在生产半年后就应该去工作了，孩子可以交给保姆照顾。我并不赞同这种做法，因为这种做法的直接后果就是使婴儿过早地失去了母爱，至少在工作日里孩子无法和母亲在一起，这对孩子的成长显然没有好处。

持这种观点的人认为，假如母亲长期待在家里，会与外界的交往减少，思维守旧，容易感到生活枯燥乏味，精神上也会产生郁闷压抑，不如出来工作积极地融入社会。但是，他们也许并没有想到，这种压抑感不是心理上的，而是生理上的，在婴儿出生后的头几个月里，母亲时刻照顾着孩子，经常会睡眠不足，身体上的困乏劳累会产生心情上的郁闷。

支持者们的另一个论点是，在现代社会中，如果一位母亲安于在家带孩子，就意味着落伍。庸俗、浮躁的现代人忽视了母亲这个角色的真正价值，片面地认为一个人的成功完全来自于工作，他们只看重个人事业，否定女性相夫教子的意义，他们甚至认为只有那些没有出息的女人才会待在家里做家务和带孩子。现代社会所崇尚的个人主义使人们忽视了家庭，也忽视了母爱，其实，这是自以为是的短见在作怪。

我们知道：孩子的成长一半来自父爱，一半来自母爱，毫无疑问，人为的减少母亲与幼小子女的联系，使孩子缺少了母亲的关怀，孩子的未来将黯淡无光，很难成才。

母亲温暖的身体就是婴儿的全部世界。从一个婴儿降生到这个世界上起，当他寻求安慰时，没有什么比母亲的身体更舒适；当他酣然入睡时，母亲的怀抱就是他最安全的港湾。有了母亲的精心照顾，孩子才能安全幸福地成长。在孩子眼里，母亲就代表着善和美，母亲的一言一行都会在无形中对孩子产生深远的影响。

此外，母亲和幼小的孩子亲密接触本身就是一种很好的交流。科学研究表明，胎儿在母体内就能倾听母亲的声音，出生后还会记得母亲说话的语调和节奏。母亲的声音就是婴儿最喜爱的天籁之音，母亲的每一句话都能帮助孩子了解自我和世界，她是孩子探究外界最可靠的媒介。可以说，孩子最初的内心体验和他对外部世界的认识都是母亲给予的。总之，我的建议是，母亲可以在孩子长大后去实现自己的理想。但至少在孩子一周岁之前，母亲还是应该尽量在家照料孩子并完成必要的教育职责。

现实中，即使是一个十分称职的母亲，她也做不到完美无缺、永不犯错。而且，母亲自身所具有的优点和缺点会在很大程度上影响孩子的成长。如果一个母亲苛求自己，唯恐出错，孩子就会受到影响，凡事裹足不前，不敢明确地追求自己的人生目标。如果母亲能以积极乐观的态度来面对失误，孩子也就不会有害怕失败的压力，即便失败了，也能迅速振作起来。我认为，只有母亲常在孩子身边，才是让孩子获得知识最多，掌握的最牢，兴趣更浓，智力开发最充分，这是谁都取代不了的。

这是一个社会急速发展的时代，对父亲责任的认识也发生着根本的变化。在上一辈，父亲的责任除了工作养家外，更重要的是充当家庭的保护人，是整个家庭的行动领袖和精神支柱。在现代，以男性为主的家庭体制正在被打破，但无论如何，我们都要承认，在孩子心目中，父亲和母亲的确是同样重要的，但一个好父亲并不等同于一个“男性母亲”。

父亲们的无所适从并不是个别现象，心理学家劳伦兹博士通过调查发现，一个男人如果采取“母亲”的方式去关爱孩子，很快就会产生心理上的障碍，最终会从孩子的生活中退出。父亲和母亲由于性别的不同，表达爱的方式自然会有差异。因此，父亲们应该做一些自己该做的事，而不必像母亲那样温柔体贴。对孩子们来说，需要的并不是两个母亲或者两个父亲，而是完整的父爱和母爱。

劳伦兹博士为此做了更为深入的研究，他对一些家庭进行了长期的调查，结果表明，母亲在对孩子进行抚慰时，效果明显好于父亲；而在调动孩子的激情方面，父亲的作用则明显高于母亲。当孩子遇到挫折，母亲慈祥的抚摸能迅速平复孩子的情绪，她们柔和的声音能让孩子获得内心的平静；而父亲健康而积极，威严而充满力量，为孩子带来了无可比拟的安全感，可以帮助孩子更快地摆脱梦魇。对孩子来说，母亲相对柔弱，父亲相对刚强，母亲代表了温情和舒适，父亲代表着进取和刺激。丰富细腻的情感世界主要靠母亲来建立，乐观豁达、积极上进、敢于负责等优秀品质则主要靠父亲来建立。

总之，孩子从呱呱坠地，甚至还是胎儿时，父母是孩子最亲近的人，婴孩的感觉力以及独有的获取生存的信息力，都是从父母处得来的，这些信息为他今后发展起着奠基的作用。如果做父母的没有这方面的关注意识，对孩子来说是遗憾的，而父母的关注意识强，并赋之于行动的，对孩子来说则是一件幸事。

做好孩子出生前的准备

◎ 卡尔 · 威特教育箴言

对孩子最早的教育是由父母进行的，父母的言行会在无形中对孩子造成影响，为了把孩子培养成身心健康、品德高尚的人，父母首先要身心健康、品德高尚。

有一天，妻子突然对我说："卡尔！我怀孕了！"

听到这个消息后，我兴奋的跳了起来，接着我们开始为孩子降生做准备，准备他的衣服，他的玩具，布置他的卧室，幸福地期盼着那一刻的到来。

我还把这个好消息告诉了父亲，很快他就回信提醒我，我所做的准备还远远不够。一个孩子的人生之路其实从母亲怀孕时就开始了，因为孩子生下来后能否拥有好的身体素质，很大程度上取决于父母自身的素质。尽管父亲强调后天的教育决定孩子一生的才智，但他并不否认先天素质对孩子一生的重要性。他认为负责任的父母应该在孩子出生前就做好优生的准备。

父亲给我的建议是，在孩子出生之前，父母需要保持自己的身心健康，使自身具有健康的体魄和纯洁的精神，掌握养育孩子的知识。许多父母对这一点的重要性认识不足，多数是顺其自然。其实，这是一种错误的理念。从生理学的角度看，胎儿的健康在很大程度上取决于父母自身的身体状况和母亲受孕后的饮食起居。

听父母讲，在我之前，我有一个哥哥夭折了，母亲为此曾经一度陷入悲痛之中，不能自拔，待到怀上了我，她在欢喜之余，哥哥的阴影仍时常让她焦虑不安。父亲知道，母亲的情绪会在很大程度上影响胎儿的健康，于是他尽量给予母亲更多的关怀和爱。每逢她心情不好时，父亲都会抽出专门的时间来耐心地开导她，使她摆脱不良情绪。自从母亲怀上我之后，父亲就制定了严格的作息时间，尽可能使生活有规律。为了使我出生后有一个健康的身体，他经常陪母亲到田野中散步，呼吸新鲜空气。父亲作为一个乡村牧师，收入并不高，为了保证母亲能吃到最有营养的食物，他削减了自己的许多开支。

现在轮到我们来生育了，父亲得知这一消息时，马上写信向我提出了一些十分有益的忠告。比如，孕妇应该学习一些营养学知识，在孕期内要杜绝喝酒、吸烟，等等。

我和妻子听从了父亲的告诫，还认真研读了他的手稿中关于怀孕前后的那部分内容。父亲还在信中强调了孕妇的精神状态对孩子的影响，为了让未出世的孩子将来具有善良的品质和正义的精神，我妻子经常读有益的故事和诗歌，想开心的事，听优美的音乐。我们常常一起出去做短途旅行，感受美丽的自然风光，欣赏美妙高雅的艺术作品；我们经常行善事，让妻子的身心始终处于良好的状态中。

我的母亲也来信告诉我，一个人没有孩子就无法体会到人生的幸福和意义，没有孩子的人生不是完整的人生。她说，不仅要给孩子一个健康的身体，更要让孩子保持精神上的健康；这就要求做父母的首先要始终保持健康的身体，快乐的心境，还要做好充分的心理准备来

面对养育孩子遇到的各种困难。孩子出生后，教育孩子的责任应该由父母亲自承担，不要委托他人。在充满亲情的环境中生长，孩子会拥有更加健康的身心。

我的经济状况比起父亲当年要好了许多，在我的儿子威廉出生以后，我们也有条件雇一个女佣来照料孩子，但我和妻子还是决定要自己照料孩子。我知道，父母的性格、生活方式等都会对孩子的成长产生影响，因此，我们总是为孩子尽可能营造出欢乐的气氛。在威廉出生之前，我为他腾出了自己的书房，用米黄色的墙纸装饰墙壁，房间里挂着颜色鲜艳的装饰品，让孩子一出生就生活在美丽的环境中。

父亲说过，对孩子最早的教育是由父母进行的，父母的言行会在无形中对孩子造成影响，为了把孩子培养成身心健康、品德高尚的人，父母首先要身心健康、品德高尚。我和玛格丽特为威廉所做的这一切，都是在按着这一要求在做的，我和妻子都坚信，未来的威廉一定会超过我。

培养聪明的孩子从感官训练开始

◎ 卡尔·威特教育箴言

在威廉很小的时候，我就开始对他进行听觉、视觉、味觉、嗅觉和触觉等感官训练，这无疑能够为孩子的智力发展奠定良好的基础。

对婴幼儿的教育不同于学龄孩子，要收到预期的效果，不只是期望，也要遵循婴幼儿的身心特点来进行。比如：人类感知外部世界的生理基础在于听觉、视觉、味觉、嗅觉和触觉，而婴幼儿此时最重要的接收信息的感官是听觉和视觉。如果在对孩子进行教育之前先将这些“工具”调整到最佳状态，无疑能收到事半功倍的效果。

我对威廉的智力开发首先训练的是威廉的听觉。因为婴儿听觉的形成是最早的，生理学研究证明，婴儿还在母亲肚子里的时候就能对声音作出反应了。威廉还未出生前，我和妻子就经常去听音乐会，或者去郊外聆听自然界的声音。有时候妻子感到孩子在她腹中躁动不安，她自己也会跟着心慌意乱，但只要听到流水声和鸟鸣，或者优美舒缓的乐曲，母子俩就会重新进入到平静和安详的状态。

也许是在母体中就受到了听觉的刺激，威廉出生以后，就对有节奏的声音和优美的乐曲表现出了很大的兴趣。他哭闹的时候，他母亲往往会拿起小提琴演奏一段乐曲，这时，威廉会转着小脑瓜四处寻找，当他发现声音是从妈妈那里发出的时候，马上就高兴起来。

模仿大人是孩子的天性，有一次我敲着小鼓逗威廉玩，没想到他也用小手拍着摇篮，居然可以大致敲出我的节奏，这让我欣喜不已，一个三个月大的婴儿就能记住那些并不简单的节奏，的确让人感到意外。这时我突然意识到，也许可以用音乐来锻炼威廉的记忆力。

我妻子来自一个有着音乐传统的家庭，她擅长各种乐器的演奏，嗓音也不错，这对威廉来说是非常幸运的。可以说，威廉的幼儿时期是听着母亲的童谣和琴声度过的。为了让威廉自小受到音乐的熏陶，我妻子特意学会了很多优美的民歌，常在儿子的耳边轻唱。

威廉在很小的时候就能够通过曲调领悟到乐曲所表达的意思，当听母亲用小提琴演奏欢快的乐曲时，小威廉会高兴地拍着手；当我用吉他的低音琴弦上弹出一个不和谐的长滑音时，他立刻会睁大眼睛，露出恐惧的表情。

孩子最早是以声音来传达情感的，也能从声音中接受刺激和获得安慰。每当威廉啼哭时，只要我们走到他身旁，用温和的语调对他说话，他就会立刻停止哭泣。当他在摇篮里不安地扭来扭去的时候，只要一听到母亲的声音，马上就会安静下来。

很多父母们认为，刚出生的婴儿根本听不懂父母的话，没有必要与他们进行语言交流，但实际上不管多小的婴儿都会对父母的话作出各种反应。不但如此，随着语言交流的增多，他们还会从各种声音中找出它们的逻辑联系。因此，父母一定要尽早和孩子多说话，并给予他各种各样的声音刺激，以此来开启他的智力。我赞同我父亲的观点，父母在怀孕期间就应该和胎儿进行语言交流，在孩子降生6周后就应该开始教孩子说话。尽管他还说不出，但它所起的作用是不容置疑的。

对婴幼儿视力训练可以培养孩子的观察能力和判断力。威廉还未出世，我们就为他准备了许多颜色鲜艳的物件，有漂亮的图画，颜色丰富的布娃娃。为了锻炼威廉的观察能力，我们把他的房间布置得五彩斑斓，墙上挂了各种美丽的图片，他的摇篮和他的小被褥上都有各种色彩的图画，整个房间充满了温馨和童趣。

合理地刺激视觉对开启孩子的智力至关重要，正如声音一样，色彩能传达很多信息。比如红色、蓝色、黄色都体现着不同的感觉，而各种色彩的不同组合又能传递更为复杂的情绪。威廉的视力开始发达之后，我妻子就经常抱着他翻看各种漂亮的画册。这时候，威廉总是表现出浓厚的兴趣，嘴里还不断嘟噜着，表情随着图案的变化而改变。

幼儿有着成人无法想象的超强的学习能力，虽然他们还完全不懂生活中的各种知识，但令人惊讶的是，正是这些“无知”的小家伙，有着极强的艺术天赋和色彩感觉，他们在这方面的能力令许多成人望尘莫及。为了培养威廉对色彩的认识，当他一岁多一点的时候，我给他买了颜料和纸笔，还耐心地教他区分不同的颜色。断断续续地教了他一个多月后，他居然记住了很多种颜色，不仅能一下就说出红、黄、蓝等常见颜色，还能指出两种相近颜色间的细微差别，其准确性甚至连我这个老师都自叹不如。

我经常带威廉出去散步，让他观察大自然中的各种色彩。他观察远山和天空，区分暗蓝和蔚蓝；眺望晚霞，体会着橘黄怎样过渡到橘红；森林的颜色随着四季的更迭而变化，他向我描述不同的绿给了他什么样的不同感受。威廉通过对周围色彩的观察，不但具备了极强的色彩感觉，还形成了敏锐的观察力。

通过我给威廉的培训经历看，我在走父亲的教育之路，我认为：这是一条在育儿上的成功之路。

我们对威廉的这些训练很快让他在同龄孩子中脱颖而出。我发现，尽早开发幼儿的各种感觉，的确可以有效促进大脑神经的发育，使孩子身体各个器官的潜能得到充分发挥，使孩子将来更加聪明更加健康。

尽早进行语言能力的培养

◎ 卡尔·威特教育箴言

语言能力的培养不仅有助于孩子智力的发育，更有利于孩子形成良好的心理素质，应该尽早对孩子进行这方面的训练。

语言能力是人类特有的一种能力。我父亲一直认为在孩子的早期教育中，语言能力的培养是十分重要的一个方面，它在促进孩子智力发展的同时，也能为其他能力的发展奠定基础。

在教育我的过程中，父亲十分注重对我语言能力的培养，实践证明，他的观点是正确的，效果是突出的。我刚出生时听父亲说，人看上去并不怎么伶俐，甚至有点痴呆，但由于父亲抓住时机对我进行了早期语言教育，我在智力和语言表达力上很快就超过了其他同龄的孩子，不仅掌握了多种语言，其他方面的素质也得到很大提高。

我和霍耶斯特教授研究发现，历史上的很多非凡人才在很小的时候都接受过良好的语言训练，这也在一定程度上表明在早期教育中进行语言训练很重要。语言专家研究发现，5 岁以前是孩子学习语言的最佳时期。极易出成绩，这就要抓住这个关键时期，不使其错过发展机会。

马里奥教授是慕尼黑大学的一位语言学家，他选择了 200 位自然条件相仿的孩子为试验对象，考察早期语言训练对他们的影响。他把这些孩子分成两组，第一组孩子的父母按照教授的指导经常对孩子说话，第二组的孩子按照常规方式教育，等到这些孩子上小学的时候，分别对这两组孩子进行了测试。结果表明，第一组孩子在智商和语言表达能力上都明显高于第二组孩子。

马里奥教授认为：婴儿期的孩子需要和父母进行交流，这种交流虽然不是对话形式的，但婴儿在这种语言信息刺激下，会对语言越来越敏感，并为自己的智力发育打下良好的基础。因此，父母在孩子的婴儿期，就应该经常对孩子说话，每天至少应该持续半个小时；说话内容可以是背诗歌，讲故事，朗诵优美的散文，时间最好选择在孩子情绪良好的时候。按照这样的方法长期坚持下去，孩子的早期教育会取得更加理想的效果。

据我了解，英国的一些生理学家也对语言对孩子智力的影响进行了深入研究，通过对大量试验人群的调查、分析，结果表明，在婴儿期，经常有父母跟自己说话的孩子在智力和心理素质等方面都要优于未经语言训练的孩子。

可见，从小对孩子进行语言训练，会为他今后的发展奠定良好的基础。父母有必要抓住这个关键期。

在对孩子进行语言训练时，要注意正确的方法：第一，发音要完整、正确、清晰，并尽量让孩子明白词语的含义；第二，方式要生动、有趣，让孩子在快乐的气氛中达到良好的教育效果；第三，一定要循序渐进，避免强制和过分，让孩子丧失学习兴趣，甚至产生厌烦情绪。

作为父亲语言训练的受益者，我在儿子威廉出生的时候，就效仿我父亲开始对威廉进行同样的语言训练，我和妻子耐心地教育他，经常跟他说话。在对孩子进行语言训练的过程中，他的母亲发挥了更大的作用。因为婴儿期的孩子，和母亲在一起的时间较长，母亲可以利用抱着孩子的时机，用温柔的声音对孩子说话，孩子和母亲的距离更有利于双方的交流，因此，被母亲抱在怀里的孩子语言训练语的效果往往更好一些。

总之，从小，甚至是对还处在襁褓中的孩子就进行语言训练，对孩子的智力发育具有巨大意义。

早期阅读是开发孩子智商的有效途径

◎ 卡尔 · 威特教育箴言

一般来说，大多数孩子从两岁起就具备了阅读能力，通过科学方法让孩子养成良好的阅读习惯，会对他一生的发展产生积极的影响。

我并不狂妄，但我承认我具有较高的智商，否则我掌握不了比较丰富的知识，同时我也承认，体现在我身上的智商得益于我父亲的早期培养，特别是让我早期阅读的训练功不可没。

经过对我的教育和表现，父亲得出结论：让孩子早期阅读是提高智商的有效方法。孩子在很小的时候，已经具备了感知能力，通过各种语言对感官的刺激作用，孩子的潜力更容易被发挥出来。因此，应该尽早用书面语言对孩子进行语言训练，进而形成良好的阅读习惯。

近年来，大量的科学研究表明，孩子的学习能力和语言记忆能力是和年龄的增长成反比例的，因此，最好从一两岁起就开始教孩子阅读，这样既有利于提高孩子的智商，又可以为孩子更好地掌握知识奠定坚实的基础。阅读过程可以培养孩子的注意力和耐力，进而提高孩子的学习能力。而且，阅读习惯一旦养成，会对孩子一生的学习都有所帮助。

但对上述观点，也有些人持反对态度。

这些人认为孩子过早阅读会剥夺孩子童年的快乐。我自己的经历就可以证明。在我很小的时候，父亲就开始对我进行阅读训练，我的童年并没有因为阅读而让我不快乐。近年来的调查研究证明了父亲的观点是正确的，早期阅读的孩子接触的事物和见识更加广博，具备更加丰富的想象力，而且，丝毫也不影响他们童年的乐趣。

有些人认为孩子过早阅读不利于孩子的身心健康。我和霍耶斯特教授以及一些外国学者的调查研究，都可以证明这种观点是不成立的。事实是：经过早期阅读训练的孩子，恰恰在体能和智商上都比其他孩子表现得优秀。

为了证明早期阅读对智商的影响，我和霍耶斯特教授对50名智障儿童进行了历时5年的试验。让这些孩子在3岁之前就开始阅读，这样训练的结果是他们在入学之后，很多人的智商甚至超过了正常孩子，性格也比过去有所改善。早期阅读训练对智障儿童都能取得这么好的效果，显然对正常儿童的训练效果一定会更好。而且年纪越小，其开发的潜力就越大。

有些人认为孩子年龄太小，无法吸收那么多知识，可能会对阅读产生厌烦情绪。事实上，孩子的大脑容量是非常大的，而且还具备一种巨大的学习能力，这种能力到8岁时会达到顶峰，以后就逐渐下降。我们应该充分利用孩子8岁之前的这段时间，让孩子的学习能力得到极大提高。与此同时，孩子的好奇心和求知欲也很旺盛，父母只要善于引导，会让孩子更加热爱学习。

还有人认为孩子过早阅读会损害孩子的身体。我们的试验结果证明，读书不仅不会影响身体健康，反而会促进孩子的身心发育。

综上所述，父母应该及早抓紧在孩子两岁的时候就培养他的阅读习惯，阅读习惯一旦养成，孩子就会以阅读为乐，并受益终生。

给孩子挑选读物是早期阅读中十分重要的一个环节，孩子精神世界的丰富要靠优秀的读物来实现，父母在给孩子选购书籍时，应该首选母语读物，并从那些易于理解的、有趣的故事书开始。

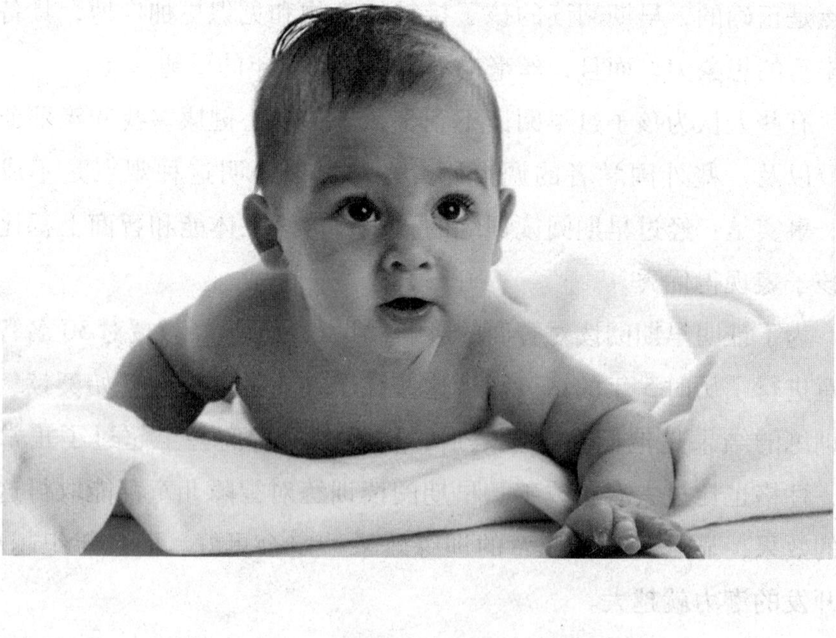

一个人的母语水平，在很大程度上决定了一个人的发展前景。因此，从小我父亲就十分重视我的母语教育，所以，在我5岁时，和我同龄的孩子大约只能记住250个单词，而我已经记住了3万个单词；除此之外，掌握其他语言时也变得容易多了，我用6个月学会了意大利语，3个月学会了英语，还掌握了其他几门语言。

在威廉两岁之前，我和妻子就开始对他进行母语阅读训练，读书就成了威廉幼年时学习的一项基本内容。父亲知道了我对威廉的教育方法后，对我们的做法表示了肯定，并告诫我们如果想真正提高孩子的智力，就要让孩子理解阅读的内容。如果对阅读的内容一知半解，只是知识的简单积累，并不能获得良好的学习效果。因此，让孩子理解阅读的内容也是早期阅读的一项关键所在，与阅读同样的重要。

父母是孩子的道德榜样

◎ 卡尔·威特教育箴言

教育在一定程度上是对孩子进行正确的引导。在各种教育方式中，父母的行动最有说服力，孩子良好的品德的形成，有赖于父母在教育过程中用自己的言行对孩子产生积极的影响。

我经常与朋友在一起探讨关于孩子的教育问题，其中包括所谓的优秀的孩子应具备哪些必要的素质问题。我的看法是，凡是称得上是优秀的孩子，首先是品德上的优秀。因此，在教育孩子的过程中，与各种能力的培养相比，品德教育更为根本，它决定着一个人在成人后能否把其他方面的优秀才能贡献给社会的问题。父母是孩子的第一任老师，他们的行为对孩子发挥着潜移默化的影响，因此，如果想让孩子养成良好的品德，父母就要给孩子树立良好的榜样。孩子的品德教育应该从孩子很小的时候就开始，为孩子的一生奠定坚实的基础。

孩子天生具有模仿能力，父母的行为习惯、处事方式等都会让孩子看在眼里，并在日常生活中加以模仿。有些父母在责怪孩子调皮、贪玩、不听话的时候，有没有想到是自己的行为给孩子树立了坏榜样？在教育中，任何一个微小的教育细节都会对孩子产生巨大的影向。因此，父母应该时刻注意自己的言行，努力提高自己的修养，在教育孩子达到自己的要求之前，自己首先就要做到。

在教育威廉的过程中，我和妻子从不对他进行道德说教，而是通过自己的言行向威廉传达正确的人生观和价值观；在帮助威廉克服不良倾向的过程中，我们总是用自己的行为去影响他，让他在不知不觉中养成健康的人生态度。

在威廉的成长过程中，有一段时间，他极不珍惜食物，为了纠正他的不良习惯，我们平时有意在他面前做出节约的举动，并在他出现浪费行为时，表现出不高兴的神情，让他体会到我们不喜欢他的这种行为。除此之外，我们还会经常带着威廉把食物送给那些生活困难的人。在我们的长期影响下，威廉逐渐改掉了浪费食物的习惯，并常常把食物送给那些有需要的人，成了一个充满爱心的好孩子。

在孩子成长的过程中，对是非对错还不能做出正确的判断，威廉就曾经认为说粗话、举止粗鲁就是英雄，并得意地在我们面前展示他的“英雄行为”。遇到这种情况，我们从不呵斥他，而是报以冷漠的态度，而且我们也从来不说粗话，威廉看他的这种行为在我们这里得不到任何回应，慢慢地就改掉了这个不良习惯。

对孩子来说，他很重视父母对他的态度，在他取得进步的时候，父母及时而恰当的表扬会给他带来继续前进的动力。在他犯错误的时候，能否及时改正错误，往往取决于父母对他的态度，如果父母能给他树立良好的榜样，并耐心地帮助孩子，他就会鼓起改正错误的勇气；如果父母动辄打骂孩子，他会认为父母对自己缺乏尊重和信任，产生逆反心理，可能会在错误的道路上越走越远。

有个小孩叫约瑟夫是我的朋友拉菲德的儿子，这个孩子常常因为玩耍而忘记按时回家，也就保证不了学习时间，他的父亲跟他耐心地讲过道理，也为此教训过他，约瑟夫虽然向父亲保证过要按时回家，但就是无法做到。有一天，父子之间的矛盾终于爆发了。

那天，约瑟夫玩到很晚才回家。一进门，拉菲德就把早在心里憋满了的气撒向儿子，他训斥说："约瑟夫，今天怎么又回来这么晚，难道你不长记性吗？真是个不知羞耻的孩子！"

约瑟夫回答道："多大的事情啊？不要小题大做了！"

拉菲德生气地说："你不是答应过要按时回家吗，说到就应该做到！"

约瑟夫反唇相讥说："我看不见得吧？"

拉菲德不解地问："你说这话是什么意思？"

约瑟夫说："你就曾经不止一次地答应带我出去郊游，可一次也没有兑现，你不是也说到做不到吗？"

拉菲德被问得哑口无言。

可见，父母在要求孩子的同时，自己首先就要做到，否则，很难达到应有的教育效果。有些父母常常给孩子灌输大道理，而自己却在实践中用自己的行为推翻了这些道理，因此，孩子可能会把父母说过的话当成"耳旁风"，甚至失去对父母的信任。在教育过程中，父母由于客观原因无法兑现对孩子的承诺时，可以诚恳地跟孩子解释清楚，不要依仗自己的家长身份，就可以言而无信。父母与孩子要平等相处，尊重和信任都是相互的，父母要想在孩子面前树立威信，就要用尊重和信任去建立，对孩子的承诺一定要尽量做到。要知道，孩子的行为是父母的行为的反映，要想孩子具备良好的品质，父母就要以身作则，率先给孩子树立好榜样。

教育在一定程度上是对孩子进行正确的引导。教育方式多种多样，包括命令、说教、父母的言行等，随着孩子年龄的增长，他的自主意识会越来越强，不同的教育方式起到的教育效果也有很大差异，命令会让人产生一种本能的反感，收效甚微；泛泛的说教所起的教育效果也很有限；而父母的行动最有说服力。孩子良好品德的形成，有赖于父母在教育过程中用自己的言行对孩子产生积极的影响。

第九章

孩子学习能力的培养

无疑，婴幼儿的活动主要在玩耍上，多数做父母的，在陪伴孩子的大多数时间里，也都在陪伴孩子玩耍。应该说，孩子们在玩耍的同时，也是在学习。但我认为，这和纯粹的学习还是有区别的。其实，一个人的生活、工作能力也是从小打下基础的，而且，婴幼儿时期同样是培养能力的关键时期，孩子有玩耍的兴趣，就同样拥有学习的能力。做父母的要切实关注这一点。

兴趣是孩子学习的向导

◎ 卡尔·威特教育箴言

玩耍是孩子的天性，如果想让孩子热爱学习，可以通过玩耍来培养孩子对学习的兴趣。

一个人的所有智慧和才能都来源于他的学习，这是不争的事实，也就是说，不善学习或对学习不感兴趣的人是难成为一个优秀人才的。在我很小的时候，父亲就教育我，真正的知识不是各种概念的简单积累，而是要把它转化成实际生活中的各种能力。通过早期阅读，我涉猎了许多领域的知识，不仅学到了语言知识，还包括物理学、化学、天文学、数学、动物学、植物学等知识。在这个过程中，我不但没有觉得这些知识枯燥乏味，而是充满了乐趣，这要感谢父亲，是他培养了我的学习兴趣，让我在学到知识的同时，拥有一个快乐的童年。

每个孩子的个性是有差异的，教育的方法也要因人而异；更为重要的是，玩耍是孩子的天性，如果想让孩子热爱学习，就要激发孩子对学习的兴趣。因此，在我三四岁的时候，父亲就常常带我到野外散步，边玩边给我讲很多有趣的故事，父亲总是巧妙地将一些新知识渗透到我所接触到的事物中，让我在不知不觉中，掌握了这些新的知识。在向我灌输知识的时候，他会从身边见到的某个事物讲起，比如，先讲某种动物，然后扩展到这类动物的特征、习性等。在当时，这些知识看起来有些零碎，但父亲却能将学习和玩要有机地结合起来，让我轻松学到了很多基础知识，现在回想起来，我对父亲充满了敬佩之情。

在很多家长看来，要想让自己的孩子有学问，就要让他满腹经纶，于是，他们用填鸭的方式向孩子灌输了很多知识。殊不知，进入头脑的知识，没有经过理解，只是一些概念，是不能作为能力而用到实践中去的，孩子机械地接受知识，并不会真正促进他的发展。19 世纪 20 年代，在欧洲曾掀起一股“天才热”，像 3 岁的孩子能背诵很多名著的新闻经常见诸报端，但等他们长大后，却变成凡人了。造成这种结果的原因在于那些孩子的父母只是单纯地给孩子灌输了很多概念上的知识，忽视了孩子对知识的理解，结果这些孩子在实践中只会说，不会做。

通过调查，我也发现了这个问题，有些孩子掌握的理论知识很多，但对孩子的能力和智力的提高并没有多大帮助。

在威廉出生之前，我和妻子就开始思考教育孩子的问题，通过对父亲教育理论的整理，我们对他的教育方法有了更加深刻的理解。父亲认为，能激发孩子兴趣就是最好的教育方法，玩耍是人的天性，通过游戏，人会在快乐中学到很多知识。所以，为了激发孩子的兴趣，就要利用生动、有趣的方式来教育孩子。

威廉出生之后，我作为一位父亲，深感教育孩子的责任重大。作为父亲教育方法的第一个受益者，我决定把他的教育方法继承下来。于是，在威廉刚刚学会走路的时候，我就像父亲当年教育我一样，带着他出去体验生活，孩子一天天长大，我们散步的地方也越来越多。在散步的过程中，我会给威廉讲很多有趣的故事，他有时也会好奇地问这问那，我就耐心地给他解答。就这样，威廉在我的教育下，也学到了很多基础知识，他的童年也同样充满了快乐。

寓学习于游乐中

◎ 卡尔·威特教育箴言

孩子的童年应该有自己的快乐生活内容，同时也有快速掌握学习知识的契机，父母要抓住孩子的天性，采取各种办法激发孩子的学习兴趣，让他们能像做游戏一样学习，就会获得理想的教育效果。

玩耍是孩子的天性，我父亲尽管是一个主张从小就对孩子进行正式教育的人，但在我父亲的教育理念中，始终认为，不能让孩子因为学习而失去童年的快乐，因此，在我幼时的学习，始终充满了趣味性，从来没有把学习当做负担。在教育威廉时，我决定要让他像我一样，不会因为学习让他失去快乐的童年，我会按照父亲教育我的方法，对威廉进行科学引导，通过各种途径让威廉把学习当做一种乐趣。

从威廉出生起，我和妻子就开始激发他的学习兴趣。他还是婴儿的时候，我们就开始给他讲故事。通过听故事，让孩子的记忆力、想象力能得到锻炼。

在威廉长到三四岁时，为了增加他学习的趣味性，在教授威廉历史和地理知识时，我们一家三口会采取分角色表演的方式来进行。告诉威廉当时的历史背景、人物、事件等内容，在表演中，威廉会用自己的理解来使角色更加真实和易于记忆，这种学习方式，他常常乐此不疲。

我在教育威廉的过程中，从来不强迫他去学习某项技能，而是完全从他的兴趣出发，不管他对什么表现出兴趣，我都会给以支持和加以正确的引导。威廉刚开始学习绘画时，我只是想锻炼一下他的观察能力，他却渐渐对绘画产生了浓厚兴趣。只要一有时间，就会拿起画笔在纸上画出美丽的图画。

有一次，我走进威廉的房间，发现他并没有像往常一样在画画，而是百无聊赖地坐在那里，看上去有些不太高兴。我走过去问他："孩子，你有什么烦恼吗，能不能跟爸爸说说？"

威廉低着头仍不说话，为了让他高兴起来，我给他讲了一个笑话，一边讲一边还加上一些动作，逗得威廉笑了起来。

看他的心情好转了，我接着问他："孩子，你真的碰上了什么烦心事吗？"

威廉答道："爸爸，今天我在画窗外的景物，但我总是画不好。"

我对他说："孩子，这样的情况是正常的，对要做的事不能着急，要有耐心，画画也是如此。要想画好，就要在动笔之前，仔细观察景物的特征，更为重要的是，同一个景物，每个人都会有不同的理解，只要能画出你对景物的理解就可以了，没有必要把景物原原本本地画出来。”

听了我的话，威廉拿起画笔重新画了起来。为了不打搅他，我退出了他的房间。后来，他把画好的画拿给我看，看了他的画，我很惊讶，一个不到4岁的孩子不仅抓住了景物的特征，而且还融入了自己对景物的理解，色彩绚丽，构思巧妙，看得出，威廉在构思这幅画时，进行了耐心的观察和细致的思考。为了鼓励他，我请威廉把这幅画送给我，他十分愉快地答应了。这幅画至今我还珍藏着，在我看来，它是威廉成长历程的见证。

为了让威廉对学习始终保持浓厚兴趣，根据不同的事物特点，我们会采取不同的教育方法。孩子好奇心强，喜欢充满趣味的东西，所以，我不会强迫威廉学习这个、学习那个，而且，在他选学一些知识的时候，还会尽量采用生动有趣的方式进行。比如，在学习拉丁语的过程中，威廉刚开始也很抵触，后来，我想到了一个好办法，用方木块做成几个骰子，在每个骰子上都写上拉丁字母，然后和威廉做游戏，让他投掷这些骰子，投掷出什么字母，就让他记住这个字母，久而久之，我就用这个方法，让威廉轻松掌握了拉丁字母。

为了鼓励孩子学习，威廉的母亲有时会和他开展学习竞赛，在竞赛中，威廉的母亲有时会故意输给他，让他获得一种成就感；母亲有时也会取得胜利，以便鼓励他继续努力。通过这种轻松愉快的方式，威廉渐渐地对许多学习内容都感上了兴趣。

在教育威廉的过程中，我认为只要能抓住孩子的天性，让他们能像热爱游戏一样热爱学习，就会获得理想的教育效果。当然，每个孩子毕竟存在个性等方面的差异，父母要根据自己孩子的特点，找到合适的教育方式，让孩子快乐地学习，快乐地成长。

大自然是孩子最好的学习课堂

◎ 卡尔·威特教育箴言

对孩子来说，大自然是一本丰富的教科书，他们可以在大自然中增长见识、陶冶情操、强健体魄，更加地热爱生活。

对于学龄前的儿童而言，有一个更好的学习课堂，那就是大自然。我父亲一向认为，大自然是孩子学习知识的最好课堂，自然界中有数不尽的教育素材，只要父母们足够细心和耐心，完全可以通过大自然教给孩子丰富的知识。

孩子都具有强烈的好奇心和求知欲，大自然是丰富多彩的，父母在教育孩子的过程中，要善于充分利用大自然这个课堂，它会给孩子带来许多无法在书本上学到的知识。父亲在教育我的过程中，就经常带我到大自然中去，我也会利用大自然增加知识，陶冶情操。

在教育威廉的过程中，我也像父亲当年教育我一样，充分利用了大自然的素材。虽然我们生活在城市，我还是利用一切机会带威廉去郊外游玩，看到什么动物或植物，我会给威廉讲关于这些动物或植物的名称、特征、趣事等；威廉好奇心很强，遇到他不认识的动物或植物时，他会主动提问，我会耐心地给他解答。就这样，他的知识面越来越广泛，涉及物理学、化学、天文学、动物学、植物学等各个领域。

在各种知识中，威廉对昆虫最感兴趣。在他 4 岁的时候，我为他买了一只放大镜，从此，这只放大镜成了他了解大自然的常备工具，每次去郊外都随身携带，当他用放大镜看到奇特的昆虫时，总是兴奋不已。每到夏天，我都会利用假期带威廉去郊外宿营，让他尽可能多的了解大自然。每到这时候，威廉都会拿出画笔，把美丽的风景画在纸上，他告诉我这样就可以把自然带回家了。

为了让威廉尽可能多地接触自然，我还特意在屋子的后面开辟了一个小花园，在里面种上各种植物。其中有许多花卉，都是威廉种植的。每当看到自己种的花开放时，他都会感到十分满足。在养护植物的过程中，威廉变得更加富有理性和爱思考了。

在威廉的母亲怀上他后，父亲来信告诉我们，一定要让我妻子远离小动物，否则会对孩子造成不利影响，据父亲讲，我出生时就是因为家里养了小宠物，我受影响看上去就有点像白痴。我和妻子听从了父亲的劝告。等到威廉 4 岁的时候，他很想养一只小狗，于是来征求我的意见。在我看来，饲养小动物可以培养孩子的爱心，给孩子带来快乐。考虑到父亲的担心，在注意饲养卫生的前提下，我同意了威廉养了一只小狗。

日常生活中，有些孩子似乎很淘气，总是做一些“坏事”，出现伤害植物、追打小动物等行为，孩子出现这些行为的原因在于其充沛的精力无处发泄，父母体罚孩子并不能从根本上解决问题。其实，父母可以经常带孩子到大自然中去，让孩子尽情地玩耍，既能使孩子过剩的精力得到发泄，又能增强孩子的体魄，美丽的自然风景还可以陶冶孩子的情操，这无疑是一件一举多得的好事。

适度地掌握孩子的学习时间

◎ 卡尔·威特教育箴言

对于年龄较小的孩子来说，他们的自控能力有限，为了保证学习效率，每天的学习时间应该控制在2个小时左右。

有的家长问我，卡尔先生，我们也知道了早期对孩子进行教育的重要性，但是我们却掌握不好教育时间，时间长了，孩子不干了，时间短了，又收不到效果。对此应怎么办呢？

关于学习时间和学习效率的问题，我与霍耶斯特教授还专门进行了研究，对于年龄较小的孩子来说，他们的自控能力有限，一般而言，他们在两个小时内可以专心学习，超过了这个时间，他们就很难集中精力，学习效率也会受到影响。

在学习中，刻苦努力是必要的，但要想取得理想的成绩，就应该讲究学习方法。包括科学的利用时间，就能事半功倍；否则，就会白白浪费很多时间和精力。要想让孩子快乐地学习，就要想办法提高孩子的学习效率。

很多家长认为，孩子在学习中花的时间越多，说明他越努力，越能取得更好的成绩。这种认识缺乏科学依据。以我自己为例：在父亲的教育下，我花在书本上的时间并不长，因为玩耍和游戏的过程同样也是一种学习，我能取得的成绩很大程度上要归功于父亲的正确教育方法。在我为人父之后，仍然按照父亲的教育方法教育威廉，我经常在威廉学习两个小时的时候，提醒他该出去玩一会儿了。威廉和我一样，把学习看做快乐的游戏，在户外的游戏和运动中，威廉同样能获得很多知识。

莫尔太太是我的邻居，她看到威廉花在学习上的时间不是很多，却能取得那么好的成绩，感到很奇怪，问我："卡尔先生，威廉能取得这么好的成绩，肯定有什么秘诀吧？"

我说："根本没有什么特别的秘诀，主要是他的学习方式和别人不同，他把有效地利用时间当成了一种习惯，并不强调占用更多的时间来专门学习，游戏也是他获得知识的方式。"

每天，我规定他每天的阅读时间不能超过两小时，这在一般家长看来有点不可思议，我却坚持这么做，因为就像父亲教育我那样，我不想让威廉因为学习而失去童年的快乐。

就像人们当初对我的成绩感到惊讶和好奇一样，威廉取得的成绩也引起了大家的关注。一天，我的一位朋友来家里做客，他问我："卡尔，威廉掌握了那么多的知识，他一定是一个很努力的孩子吧？"

我说："是的，他确实很努力。"

这位朋友接着说："我问过好几个朋友，他们的孩子学习也很努力，每天要学习6个小时以上，可都没有你儿子这么好的成绩。我很想知道，威廉每天学习几个小时呢？"

我告诉他："一般情况下，威廉每天只学习 2 个小时，有时到了 2 个小时的时候，他还想看会儿书，我就最多让他再学习 1 个小时。"

听了我的话，这位朋友惊讶地说："这太不可思议了，我想只有天才才能做到这一点。看来，威廉是位天才啊！"

我回答道："其实，威廉的天赋并不比别人高，我想是他学习方法得当的缘故吧。"

在与朋友的闲谈中，我看到威廉这一天的学习时间已经到了 2 个小时，就去他的房间让他出去玩一会儿。他从房间走出来，并礼貌地向客人问好。这位朋友看到威廉，似有不解地问道："威廉，你每天的学习时间真的只有 2 个小时吗？"

威廉礼貌地回答道："先生，我每天确实只学习 2 个小时。"

这位朋友接着问道："那你为什么不能多学几个小时呢？"

威廉微笑着回答道："我很愿意多学几个小时，但我爸爸要求我每天只能学习 2 个小时。"

听了威廉的回答，这位朋友更加纳闷了，问道："卡尔，别的父母都愿意让孩子多学习一会儿，你为什么却不是呢？"

我说："让孩子掌握知识有多种学习方式，书本只是获得知识的途径之一，其实，通过做游戏，与他人交往等，也能使孩子获得知识。对小孩子来说，他们的吸收能力很强，每天只要能保证认真学习 2 个小时，完全可以达到良好的学习效果。孩子喜欢游戏，它可以给孩子带来更多的愉悦，让孩子的身心更加健康。如果让孩子长时间地学习而不能玩耍，就会让孩子逐渐丧失学习兴趣。再说，学习主要讲究方法和效率，并不在于时间的长短。"

那么，孩子学习多长时间效率最高呢？霍耶斯特教授对此进行了深入研究，他发现，在 30 ~ 60 分钟内，孩子的注意力最集中，学习效率也最高；对大多数孩子来说，2 个小时是学习的一个时间界限，超

过了这个时间，孩子的注意力最会分散，这时如果继续学习的话，学习效率就会降低。因此，父母要求孩子长时间地学习，不仅会让孩子产生厌学情绪，而且学习效率也不高。

在威廉学习的时候，我着重培养他的独立学习能力，一般不会去打搅他。只是在他学习时间超过 2 个小时的时候，我们会提醒他该出去玩一会儿了。

在威廉 4 岁的时候，有一件事让我印象深刻。那天，他在屋里做一道比较难的数学题，由于久思不解而忽略了时间，已经 2 个多小时了，还没有出来。于是，我走进他的房间对他说："威廉，时间已经到了，你该出去玩一会儿了。"

威廉说："爸爸，这道题我还没有解开，我打算多做一会儿。"

我轻轻地拍拍威廉的肩膀，对他说："孩子，不着急，先出去休息一下再回来做题，也许马上就有解题思路了。"

威廉说："爸爸，这道题有难度，我想我需要多一些的时间。"

我仔细看了一下那道题，那是一道小学五年级的运算题，对威廉这个年龄的孩子来说，确实有难度。

但我还是鼓励他说："孩子，这道题确实有难度，但我相信你一定能做出来。但你现在要做的是到室外休息一会儿，让你的脑子放松一下，等你再回来的时候，肯定能把这道题做出来的。"

在我的一再坚持下，威廉才不太情愿地和我到花园里给花浇水。在他给花浇水的时候，我告诉他："在解决一个问题的过程中，如果你花费了很大精力，问题仍然没有得到解决，就需要放松一下心情，然后调整思路，寻找新的解决方法，也许这个困扰你的问题很快就能得到解决。"

听了我的话，威廉似乎领悟了很多，开始认真地照顾花园里的植物。半个小时后，他重新回到房间去解答那道数学题，过了十几分钟，他跑出房间兴奋地对我说："爸爸，我解出来了！"

这是威廉学习中的一个小故事，其实，类似的事例还不少，我把它介绍出来，目的就是一个，我建议所有的孩子父母，在对孩子进行教育的时候，不要剥夺孩子的游乐时间，而是要适度地安排孩子的学习时间，这样就可事半功倍。

不能强制限定孩子的发展之路

◎ 卡尔·威特教育箴言

孩子具有自身的特点，要顺应孩子的天性，进行引导和教育，否则，会给孩子的全面发展造成阻碍。

俗话说："世界上没有相同的两片树叶"，人更是一样，人不但长的各有差异，所拥有的才智也不尽相同。为此，在培养孩子的过程中，一定要顺应孩子的天性，否则就会扼杀孩子的天性。

我父亲对我的教育目标是把我培养成一个身心健康、学有专长的人，他认为，只有学有专长才是有用之才。因此，父亲从小就通过各种方式拓宽我的知识面，培养我的兴趣爱好。

孩子天生具有强烈的好奇心和求知欲，在孩子很小的时候，对各种事物都充满了好奇心，父母可以抓住孩子的天性，让孩子广泛接触各种事物，这样不仅可以为今后的学习奠定知识基础，对孩子的性格成长也十分有利。在具备一定的知识基础的条件下，只要抓住时机对孩子加以引导，同样可以让孩子在某个方面表现出色。相比之下，在孩子很小的时候，就让他只在某个领域深入钻研，从长远来看，并不利于孩子的自身发展。

有些人认为，天才就是天生有才能的人，卡洛斯就是这样一个天才，德国报纸上曾对他进行了大量报道。在他 5 岁的时候，已经具备了过人的数学天赋，普通人要在纸上算很久的数学题，他却能用十几秒的时间口算出来，人们都惊叹他长大后肯定会成为一位天才数学家。

当时，为了了解这个数学天才的情况，我和霍耶斯特教授去拜访了卡洛斯和他的父亲肖恩先生。在他家我们所看到的这个数学天才目光呆滞、脸色苍白，坐在那里一动不动地思考数学问题。我们参观了他的书房，那里堆满了各种数学专著，其中一些书内容相当艰深。

看到这个孩子，我问肖恩先生："卡洛斯每天都是这样学习吗？"

肖恩先生说："是的。"

霍耶斯特教授问道："他学习时总是保持这个姿势吗？现在，已经学习多长时间了？"

肖恩先生说："应该有3个小时了吧？"

我问道："您觉得卡洛斯的数学能力是天生的吗？"

肖恩先生说："我认为，根本没有什么天生的天才，关键在于后天的努力。卡洛斯从小就对数学很感兴趣，为了让他成为数学家，我对他的要求一直很严格。"

听了肖恩先生的话，我接着问道："除了数学，卡洛斯平时还学什么呢？"

肖恩先生说："他每天都在考虑数学问题，根本没有时间学其他的东西，再说只有专心研究数学，才能在数学领域有更大的发展。"

听了他的回答，我和霍耶斯特教授知道了卡洛斯为什么仅在数学方面表现突出，而缺乏生活、交往等方面能力的原因。我和霍耶斯特建议肖恩先生让卡洛斯多学习一些其他方面的知识，让他每天到室外玩耍一会儿，但这位父亲却顽固地认为，要想成为数学家，其他方面的知识就都不重要。

时至今日，当年有名的数学神童卡洛斯最后并没有成为数学家，结果是他不仅因为体弱多病退了学，而且在数学方面也没有取得卓越

的成就。

这个事例充分说明，未来的发展是个未知数，他的天性和兴趣，也许会随着成长而改变，做父母不能违背孩子的天性，用自己的意愿和喜好来教育孩子，否则不仅会让孩子失去童年的快乐，更会扼杀孩子的学习兴趣。就算孩子具备过人的天赋，也会因为错误的教育方法而让孩子失去成才的机会。

对孩子的教育切忌急于求成

◎ 卡尔·威特教育箴言

孩子带着急躁情绪学习，很难达到良好的学习效果，做父母也不能带着急于求成的心态去硬性要求孩子去学习，否则，学习的效果将会是事倍功半。

小孩子不同于大孩子，更不同于成人，有自控力，许多时候，小孩子对很多事情都是“三分钟热度”，刚开始兴趣浓厚，此后就会把注意力转移到其他事情上。学习也是如此，在学习一段时间后，孩子就会出现注意力不集中等情况。有些父母在这种情况下，因急于求成的心理，就会继续催促孩子学习，父母这样做会让孩子觉得学习是父母布置的任务，从而对学习产生压力，甚至产生厌倦情绪。为了赶紧完成这个任务，他会带着急躁情绪学习，在这种心态下，学习效果肯定不理想。

在我看来，父母要帮助孩子克服急躁情绪，自己首先应该保持一个平静的心态。在威廉学习的过程中，我从不催促他，在他出现急躁情绪时，我会想方设法使他平静下来。比如，遇到一道有一定难度的题目时，我首先要做的就是稳定他的心态，然后指导他把问题化整为零，分步骤思考，这样的结果会在心情舒缓的状态下把难题解决掉。

有一个周末，威廉的朋友汤姆过生日，汤姆邀请威廉等小伙伴在晚上 7 点参加他的生日聚会。这天下午，威廉在房间里做数学题，还不到 4 点，他就有点坐不住了，总是抬头看墙上的钟。其实，我留给威廉的功课并不多，按照他平时的速度，应该是 2 个小时之内就能完成的，但他花了一下午时间都没有做完。我知道，威廉肯定是想着晚上的聚会而心不在焉，越想快点做完题，越做不出来，这都是急躁情绪所致。

休息时间到了，威廉并未出来玩耍，于是，我走进他的房间，看见他仰面躺在床上，纸和笔扔在一旁。

我问他：“威廉，你怎么了?”

威廉垂头丧气地说：“今天我头很晕，有些题我想了半天也没有算出来。”

我看了看他正在做的题目，对他说：“威廉，不是你的头晕，是你的心在躁动。”

威廉说：“我也不知道今天是怎么回事，就是做不出来。”

我知道他是因为晚上要参加汤姆的生日聚会而不能专心做功课。在平时，我从不强迫孩子学习，但今天，威廉明显带着急躁情绪，为了帮助他克服这种情绪，我决定利用这个机会培养一下他的耐心。

于是，我对威廉说：“你们约的时间是7点，现在才4点，不用着急的。”

威廉说：“我聚会迟到，别的小朋友会责怪我的。”

我对他说：“不会的，汤姆家离我们家不远，十几分钟就到了，你6点半出发也来得及。”

威廉为难地说：“爸爸，今天的题确实很难。”

我耐心地对他说：“威廉，无论做什么事都要专心致志，如果在做题时，总想着其他的事，即使再简单的题看上去也会有难度。现在离聚会还有2个多小时，你愿不愿意再做一会儿？看看能不能做出来？”

听了我的话，威廉点了点头。于是，我走出他的房间，在我的开导下，威廉的心静了下来，结果，他用了不到半个小时就把那些题做出来了。他兴奋地从他房间跑出来，对我说：“爸爸，刚才那么难的题怎么一下变得容易了呢？”

我笑着对他说：“威廉，只要你不要心急，冷静思考，就能把题做出来。其实，只有克服了急躁情绪，才能把事情做好。”

学习重要而培养生活的其他乐趣也很重要

◎ 卡尔·威特教育箴言

对孩子来说，学习并非他生活的全部内容。要想让孩子成为全面发展的人，就要培养孩子多方面的兴趣爱好，让孩子健康、快乐地成长。

生活中，每个父母都希望自己的孩子是个全面发展的人，没有哪一个父母只要求自己的孩子只掌握一门独家暗器就满足的，因为人们知道，那样是畸形发展，是不能立足于世的。我父亲对我的教育目标就是把我培养成一个全面发展的人，而不是一个只会读书的“书呆子”。因此，父亲在教给我必要知识的同时，还十分重视培养我的艺术修养。在我很小的时候，就学会了弹钢琴和吉他，音乐成了我生活的一部分。上大学后，由于条件有限，只能暂时放弃弹钢琴，通过弹吉他来满足我对音乐的兴趣、对生活的热爱。

但是当时有些人反对我父亲的教育方法。特别是我上哥廷根大学以来，因为我是那所大学有史以来年龄最小的学生。有人认为父亲把我培养成才，是以牺牲我的健康和快乐为代价的；有人认为我是德国少有的天才，等等。其实，见过我的人都知道这些观点是错误的。虽然刚出生时我的体质弱一些，但现在我的身体非常健康；我不仅没有因为学习而失去快乐，相反，应该说在整个身心上都是健康向上的。

我开始在哥廷根大学上学的时候，还保留了在家时的各种课外活动，有一段时间，我担心自己的学习跟不上，就放弃了所有爱好，把精力都放在了学习上。

有一天，父亲问我："卡尔，怎么好长时间没听到你弹吉他了？"

我回答："弹吉他太浪费时间了。"

父亲说："有那么严重吗？"

我告诉父亲："爸爸，我现在是个大学生了，应该把精力放到学习上。"

父亲问我："那么，你不再喜欢音乐了？"

我回答道："喜欢，不过相对于音乐来说，学习更重要。"

父亲说："卡尔，我曾经跟你说过，不要因为学习而失去生活的乐趣，学习和音乐一样，都是生活的内容。所以，不能说学习比音乐更重要。"

我问父亲："那我该怎么做呢？"

父亲说："学习和培养自己的其他生活乐趣并不矛盾，如果你对音乐仍有兴趣，就没有必要因学习而丢掉它，它能给你带来快乐，还能调节你的学习生活。"

听了父亲的话，我又重新弹起了吉他，并恢复了其他的爱好。事实证明，我并没有因为爱好广泛而影响了学习，这些爱好让我的大学生活更加丰富多彩。通过几年的大学生活，我更加深刻地体会到父亲说的"不要因为学习而失去生活的乐趣"这句话的含义，在教育威廉的过程中，我也一直坚持这个原则，让他能健康、快乐地成长。

第十章
采取优化的教育方法

实践证明，一个优良的教育环境和正确的教育方法，对培养一个优秀的人才至关重要，现实中，有些家庭经常抱怨说："为了让我们的孩子能成为优秀的人才，我们为他提供了最好的物质条件，要什么给什么，可最终还是看不到他的学习有什么起色。"其实问题就在于，父母没有掌握正确的教育方法，正确的教育方法应该是合理施教，而不是娇生惯养。

创造良好的家庭教育氛围

◎ 卡尔·威特教育箴言

在孩子成长的过程中，父母要努力为孩子创造一个愉快、温馨的学习氛围，并在物质、心理、知识等方面做好教育孩子的准备。

东方人有句俗语，叫做“近朱者赤，近墨者黑”。是说，一个人经常接触红色就会让自己不知不觉地染上红色，如果经常地接触黑色，也会让自己渐渐地染上黑色，而实质上，这句话强调的是环境对人的影响作用。我父亲不只一次地向我提示过，后天教育比天赋更重要。由于早产，我出生的时候反应能力明显不如其他孩子。母亲很担心我的未来成长，但父亲对母亲说，亲爱的，不用担心，只要给孩子创造一个良好的教育环境，我想他的能力完全可以赶上甚至超过其他人。正是父亲精心的教育，使我的潜能得到充分发挥，取得了后来的成绩。

任何教育都是在一定的环境中进行的，良好的环境能让孩子身心健康，为他今后的发展奠定良好的基础；恶劣的环境会给孩子的身心健康带来不利影响，孩子各种能力的提高也无从谈起。因此，父母所创造的家庭环境的好坏，对孩子能力发展有重要的影响作用。如果想让孩子得到良好的教育，创造充满爱和欢乐的家庭环境就成为家庭教育的第一步。

婴儿期的孩子大脑就像一张白纸，外界的一切信息都会在他的大脑中打下印记，接收的信息越来越多，通过对这些信息的归纳整理，促进孩子智力的发展；孩子在与家庭成员的接触中，逐渐形成与他人沟通的能力，孩子的其他各种能力都是在适应环境的过程中发展起来的。这就是好与坏影响一个人的原理。

威廉出生后，我妻子担负起了照料孩子饮食起居的工作，她事事亲力亲为，在她看来，只有让威廉和我们在一起，他才能更快地适应外部世界。我们经常让他看鲜艳的颜色，听悦耳的音乐，听我与妻子间亲切柔和的谈话，这些都对他的智力发育很有好处。随着孩子的成长，我们调整了教育方式，采取提问、讨论等方式，激发他的求知欲，锻炼他的思考能力。

我们尽力给他创造良好的教育环境。我认为，良好的教育环境至少应该具备以下四个条件：

第一，和谐的生活和安定的生活秩序。培养孩子在家庭中遵守规则和秩序，能为孩子今后适应社会生活打好基础。

第二，具备必需的学习空间和生活用品。为了培养孩子的能力，需要给孩子提供一个自己的房间，房间里至少有适合孩子使用的书桌和书柜，孩子需要的图书和文具要取用方便。

第三，配备丰富的书籍和学习工具。书籍应以轻松的儿童读物为主，学习工具最好具有玩具的外形和功能。

第四，给孩子提供一个可以自由活动的时间和空间。

我们按照父亲的建议，给威廉布置了一个书房兼游戏室，他可以在里面读书、写字、画画、玩游戏等，这种布置的初衷在于把游戏和学习完美地结合起来。这个书房里有一个很大的书架，各种图书应有尽有，我们经常给他朗读，等他自己学会阅读的时候，就开始自己看书了。

为孩子创造一个好的教育环境，也不止局限在家里，我们还常带威廉到郊外散步，这样既可以欣赏自然美，又可以增长见识。他对很多事物都充满了好奇，一朵花、一只昆虫、一块奇特的石头，都可以给他带来惊喜。每当他向我们提问时，我们也乐于讲解，很多知识就是在这种快乐的气氛中教给孩子的，对他来说，这既是学习也是享受。

为了让孩子健康、快乐地成长，父母应该努力为孩子创造一个愉快、温暖的学习氛围，这既是孩子身心健康的保障，也是对孩子进行科学教育的必要条件。

给孩子一定的自由空间

◎ 卡尔·威特教育箴言

规则与自由是对立统一的，只有在二者之间保持一定的张力，才能让孩子的能力和品质都得到提高。

在孩子的头脑里是没有规则意识的，允许干这个，不允许干那个，都是孩子听父母指挥的，而这些所谓的允许或不允许都是父母所依据的规则。此时，如果父母生硬地要求孩子遵守规则，就会扼杀孩子的独立性、创造性与想象力，孩子最后不是成为呆头呆脑的人，就是野性难驯的人。

霍耶斯特教授很赞同我父亲的观点，他认为孩子的生命潜能是通过自由活动得以发展的，真正合理的教育应该给孩子足够的自由，允许他们按自己的本性活动。

现实生活中，有些遵守规则的孩子往往缺乏独立性和创造性，而有些无视规则的孩子却放荡不羁，很难养成良好的品质。只有在规则与自由之间保持一定的张力，才能让孩子的能力和品质都得到提高。

那么，规则与自由能否统一起来呢？父亲和我的教育实践给出了肯定的答复。在教育孩子的过程中，要给孩子一定的自由度，允许孩子犯错误，这是孩子认识世界的必经阶段，同时，在培养孩子独立性和创造性的前提下，让孩子遵守一些规则。对一个人来说，养成良好的品质比提高能力更重要，将规则与自由统一起来，从长远来看，更加有利于人的全面发展。

因此，在威廉很小的时候，我和妻子在学习和玩耍方面给他提供了很大的自由空间，只要学习或玩耍方式没有超出必要的限度或具有很大的破坏性，我们都会让他自由选择。

孩子总是对什么都充满好奇，为了满足自己的探索欲，有时会搞些“小破坏”，威廉也不例外。

有一次，我回到家，看见威廉正在炉子上烧灯罩，仔细一看，灯罩里面还装着一块泥巴。尽管当时我很生气，但还是努力克制住了。威廉发现我的脸色很难看，不由得紧张起来。于是，我马上整了一下情绪，平静地问他：“威廉，你为什么要把灯罩放在炉子上烧呢？”

他说：“我想帮妈妈烤面包。”

“干得好，”我摸摸他的头，“可是这里面是泥巴不是面包呀？”

“可我找不到面粉。”威廉不无遗憾地说。

我笑了笑，对他说：“所以你就用泥巴做面包？”

威廉点了点头。

我接着问：“威廉，妈妈平时烤面包都是用烤箱的，你怎么用灯罩呢？”

威廉回答道：“可是，我打不开烤箱。”

经过这件事，我想为了孩子的安全，有必要对他的自由进行一些限制，比如，告诉他不能玩火，等等。在孩子眼里，越是被大人们所禁止的事情越是充满了吸引力，他越要尝试。因此，在禁止孩子做一些事情的时候，一定要讲究技巧，可以通过其他让他感兴趣的事情转移他的注意力。为了让威廉从事有益的自由活动，家里的花园、他的房间都是他可以自由发挥的空间，在那里他可以做他所喜欢的各种游戏。

在对威廉进行教育的过程中，我得出结论：规则和自由是相辅相成的。培养孩子独立性和创造性固然重要，也要让孩子遵守一定的规则。只有这样，才能让孩子更好地体验自由活动带来的快乐，才更有利于孩子各方面能力的提高。

父母要给孩子做出好的榜样

◎ 卡尔·威特教育箴言

父母是孩子最早、最近、最直接的教育者和模仿者，为了达到良好的教育效果，父母要通过自己的言行在孩子面前树立学习的榜样。

父母同时是孩子最直接，影响最大的老师，这样的认识，我与父亲是相同的，既然是老师，父母的一举一动、一言一行是自己做的，也是在教孩子。因此，在我看来，教育成功的关键在于父母能否以身作则。如果想让孩子养成良好的习惯，父母必须为孩子树立好榜样。比如：生活习惯邋遢的父母很难让孩子养成整洁的习惯；懒惰的父母很难让孩子养成勤劳的习惯。在教育孩子的过程中，父母的行为对孩子的影响是实实在在的，父母一定要严格要求自己，真正担负起应有的教育责任。

父母要在孩子心中树立威信，成为榜样，首先要以身作则。我认识这样一位父亲，他平时举止粗俗，不计礼仪，还有酗酒的恶习。可是，他对儿子却是百般呵护，百依百顺。尽管如此，儿子却不喜欢他，有时还会跟他发生顶撞。显然，这位父亲在孩子的眼中没有任何威信可言，也没有资格来管理孩子。

在教育威廉的过程中，我和妻子从不对他动粗，而是采用更加民主的方式告诉他应该做什么，不应该做什么。以学习为例，孩子在父母的强迫下被动的学习，不但会影响学习效果，还会让孩子产生厌学情绪；如果加以正确的引导，让孩子自觉地热爱学习，往往能达到预期的效果。

在我和霍耶斯特教授的研究对象中，有一个6岁的孩子叫布伦边亚，是个很聪明的孩子。他把许多时间都花在游戏上，而不愿意学习任何知识，他的父母为此很苦恼。后来，他的父母给他规定了游戏时间，刚开始，他根本不愿意配合，后来慢慢学会了控制自己。

有一天，布伦迪亚的父母要外出办事，临走时，叮嘱他不要出去玩，并给他布置了一些作业还许诺回来后给他买一盒巧克力。他愉快地答应了父母的要求。

当父母回来时，看见布伦迪亚并不在家，就到处去找。找了半天，都没有找到。他们着急的不得了，要准备去警察局寻求帮助了。直到吃饭的时候，布伦迪亚才从外面回来。刚一进门，他的父亲就生气地问道："你为什么不呆在家里做作业？"

布伦迪亚不服气地说："你怎么知道我没做作业？"边说边拿练习本给父亲看。

父亲拿着练习本仔细检查了一遍，发现布伦迪亚确实把自己安排的作业全都做完了。这位父亲虽然知道孩子被冤枉了，但还是不愿意放下威严的架子，继续责备说："不过，你出去玩总是事实吧？"

布伦迪亚说："我的作业做完了还不能出去玩吗？"

父亲说："当然可以了，可你今天答应过是不出去玩的。"

听了父亲的话，布伦迪亚反问道："爸爸，你不是答应要给我买巧克力的吗？巧克力在哪儿呢？”

这时，父亲才想起来忘记买巧克力了，最后，父亲因为自己的失信，而面对孩子哑口无言。

父母是孩子最早、最近、最直接的教育者和模仿对象，如果做父母的都像布伦迪亚的父亲一样在冤枉了儿子的情况下却不肯认错，那么，结果一定是儿子以后也会像父亲一样为自己的错误找借口，养成不讲信用的不良习惯。

父母在教育孩子的过程中，要想取得理想的教育效果，就要以身作则，要求孩子要做到的，父母首先要做到；如果自己犯了错误，也要勇于承认和改正……只有从自身做起，高标准要求自己，为孩子做出表率，自身才有威信，孩子也才有榜样可学。

不要伤害孩子的自尊心

◎ 卡尔·威特教育箴言

孩子的自尊心珍贵而脆弱，父母要从教育细节着手，用恰当的方式激励孩子，让孩子始终充满自信和勇气。

俗话说，大人有大脸面，小孩有小脸面。因此，父母在教育孩子时，千万要注意，不要伤害孩子的自尊心。

我们都知道童心敏感、纯洁而脆弱，父母在教育孩子的过程中，一定要用心呵护孩子的自尊心。无论是有意还是无意伤害了孩子的自尊心，都会在孩子的心灵上留下伤疤。

在日常生活中，对于孩子的自尊心问题，父母们认为，孩子那么小，有什么自尊心？于是，当孩子犯错误时，随意批评孩子，甚至说一些伤害孩子自尊的话；更为常见的情况是，有些父母喜欢拿自己的孩子和别的孩子作比较，有时甚至会讽刺和挖苦孩子。其实，这样不仅达不到教育效果，还会让孩子失去自信，对孩子的心灵造成极大的伤害。

怀特先生是我的同事，他对儿子哈里森一直要求很严格，甚至到了吹毛求疵的地步。无论哈里森做得多么好，他总要挑毛病。哈里森在父亲的严格教育下，确实取得了一些成绩，在同龄孩子中达到中上等水平，还在学校举行的数学竞赛中得过奖。

有一天，怀特先生参观了霍耶斯特教授负责的孤儿院，在他见到的孩子中有一个年仅6岁的男孩居然学完了小学的全部课程。他在惊讶之余，感觉到自己的儿子与这些孤儿相比，差得太远了，准备回家好好教训一下哈里森。

回到家后，怀特先生对儿子说："你知道我今天看到什么了吗？"听父亲这样问，哈里森十分不解，只能回答不知道。

怀特先生没好气地说："我今天参观孤儿院看到一个6岁的孩子，已经学完了小学的全部课程。哈里森，你几岁了？"

哈里森回答说："9岁。"

怀特先生接着说："哼，你都9岁了，可连二年级的课程都没学好。"

对此，哈里森不服气地说："我怎么没学好？"

见儿子这样的不服气，怀特先生显得很不理智，就说上了气话："如果你跟白痴比，当然学好了；如果你跟那个6岁的孩子比，就是个白痴！"

听到父亲的一番挖苦，哈里森很伤心，就说："既然我是个白痴，你以后不用再管我了！"

这下怀特先生更愤怒了："真不争气，我看你也不会有什么大出息了!"

哈里森不示弱针锋相对："我愿意没出息，你管不着!"

在这场激烈的争吵之后，哈里森离家出走了。

在孩子眼里，父母的评价对他很重要，如果父母总能给自己鼓励和帮助，即使遇到再大的困难，他都有自信和勇气去克服；相反，如果父母总是贬低、否定自己的孩子，他就会逐渐丧失前进的动力，甚至自暴自弃。怀特先生就犯了这样的错误，他的本意是激励孩子，由于用错了方法，结果伤害了孩子的自尊心，适得其反。

我和妻子在教育威廉的过程中，十分注意呵护孩子的自尊心。就算无意中伤害了他的自尊心，也会立即想办法弥补，让孩子始终保持着健康、快乐的身心。

像我小时候一样，威廉5岁就开始主动帮我们做家务了。有一天，家里来了客人，妻子在厨房里忙碌着，威廉快乐地给妈妈当助手。妻子做好几样菜之后，准备去橱柜里拿盘子，威廉见了，马上抢着去拿，橱柜对威廉来说太高了，他踮着脚尖才能勉强够着。

他妈妈见了，赶紧说："威廉，我来拿吧，你会把盘子打碎的!"

威廉回答说："妈妈，放心吧，我行的。"

话音刚落，在威廉从橱柜拿出一个盘子时，有好几个盘子跟着掉在地上摔碎了。

听到响声，我赶紧来到厨房，看见我妻子正在指责孩子不听话。

我急忙用眼色示意她停一下，然后对威廉说："威廉真棒，能帮妈妈干活了。"

威廉不好意思地说："可我把盘子打碎了。"

我对他说："没关系，孩子，责任不在你，在于橱柜对你来说太高了。"

听了我的话，妻子也意识到自己刚才的行为有些不妥当，她笑着对威廉说："今天威廉可帮了大忙了，要不然我肯定忙不过来呢！"

在我们谈话的过程中，威廉已经把地上的碎片收拾好了，又忙着帮妈妈干活了。

可见，父母呵护孩子的自尊心，要关注教育细节，也许你无心说的一句话，甚至是一个无意识的眼神，都会伤到孩子的自尊心。所以，父母要注意自己的一言一行，即使孩子犯了错误，也要在维护孩子自尊心的前提下，用恰当的教育方法促进孩子改正错误。

不要过分地溺爱孩子

◎ 卡尔·威特教育箴言

溺爱是一种无原则的爱，它会剥夺孩子在实践中提高各种能力和发展自身的机会，最终让孩子变成一个无能、怯懦的人。

现实生活中，没有哪一个父母不爱自己的孩子的，爱孩子是父母的天性，更是人之常情，但要注意的是：爱孩子不能到溺爱的程度，溺爱是一种无原则的爱，父母溺爱孩子实际上一种不负责任的表现。有些父母怕孩子受委屈、吃苦，什么事情都包办代替，心情虽然是好的，但带来的影响却是消极的，这样就剥夺了孩子在实践中提高各种能力和发展自身的机会，让孩子产生极大的依赖性，缺乏独立意识和安全感，长此以往，会让孩子变成一个无能、怯懦的人，成才的期望很渺茫。

我和霍耶斯特教授调查发现，帮助孩子树立自信心最好的办法就是鼓励他们独立自主。一个人要想取得成功，自信心也是必备的要素之一，成功必备的另一个因素是能力，二者是相辅相成，相互促进的。自信心能发挥人的潜能，使人的身心等都达到最佳状态，进而使能力得到超水平的发挥，而溺爱则是剥夺和扼杀孩子自立、自强、自信的祸手。

爱孩子是无可厚非的，但一定要清楚，真正的爱是要让孩子具备独立生存的能力和自信心，因此，为了孩子的前途着想，父母应该努力克制自己的感情，让孩子独立自主，这是孩子成才的关键所在。

我的邻居巴尔逊太太是个年轻的寡妇，她带着唯一的儿子汤姆独自生活，由于汤姆很早就失去了父亲，因此，巴尔逊太太把全部的爱都倾注在汤姆身上。什么事都不让汤姆去做，汤姆和母亲寸步不离，到了 4 岁，还不会自己吃饭和穿衣。由于怕他出意外，巴尔逊太太从来都不让汤姆出去玩，因此，汤姆的性格内向，没有什么朋友。

有一次，我和妻子到巴尔逊太太家拜访，汤姆见到我们，甚至连话都不敢说。看到这种情况，我们建议巴尔逊太太把汤姆送到幼儿园去，这会对他很有帮助，她答应了。

但是汤姆没有去幼儿园几天，老师就请巴尔逊太太去了，老师告诉她，汤姆不会自己穿衣和吃饭，这些事就连比他小的孩子都能做得到。老师告诉巴尔逊太太，希望她能配合老师让汤姆学会自己做这些事，但巴尔逊太太告诉老师，孩子是她的生命，她甘愿为孩子做这些事。由于汤姆也过惯了由妈妈提供一切的生活，再也不愿去幼儿园了，于是，汤姆离开了幼儿园，依然和母亲在家生活。

为了让巴尔逊太太对溺爱的危害有更加直观的认识，我邀请她到我和霍耶斯特教授负责的孤儿院去参观。当她看到那些比汤姆还小的孩子都是自己在照料着自己，她十分惊讶。当她看到一些孩子在自己做饭时，对我说："你们怎么能让这么小的孩子自己做饭，这太危险了！"但当她发现这些孩子熟练地完成了这些工作时，她的担心消除了。

通过这次实地参观，巴尔逊太太发现了汤姆和这些孩子之间的差距，也开始反思自己教育孩子的方式，并请我们帮助她教育汤姆。

于是，我们带巴尔逊太太和汤姆参加了一次孤儿院的野营活动。这种活动很受孩子们欢迎，活动中孩子们可以快活地唱歌、跳舞，采集植物标本，观察昆虫等小动物，只有汤姆郁郁寡欢，时刻不离母亲。

等到晚上睡觉的时候，孩子们都玩累了，很早就进帐篷睡觉去了，只有汤姆还留在妈妈身边，随着大人们一起聊天。他小声地对妈妈说："妈妈，我们快睡觉吧！"

巴尔逊太太此行的目的就是要改变汤姆，因此，她对儿子说："汤姆，妈妈还要和朋友们聊一聊，你先去孩子们的帐篷睡觉吧！"

汤姆说："妈妈，我自己不敢睡！"

巴尔逊太太坚决地说："那么多小伙伴都不怕，你为什么害怕？"

汤姆继续央求妈妈："你陪我去吧，否则妖怪会把我抓走的。"

巴尔逊太太耐心地说："根本没有什么妖怪。你已经是个大孩子了，自己去睡吧。"

汤姆见自己的要求不能得到满足，使出了哭闹的招数，他哭闹了半天，看没有什么效果，只好乖乖地自己去睡了。

其实，刚开始的时候，巴尔逊太太有些不忍心，在我们的帮助下，她克服了心理压力，让汤姆迈出了独立的第一步。在正确的教育方法指导下，汤姆逐渐学会了独立。

后来巴尔逊太太搬到了莱比锡，几年后，当我去莱比锡讲学时，专程拜访了巴尔逊太太。她告诉我按照我的教育方法，汤姆现在不仅独立能力提高了，还能照顾他，性格开朗了很多，她对孩子的未来很有信心。对我表示感谢。

总之，父母千万不要用爱的名义伤害孩子，要知道，溺爱会让教育偏离正确的目标。

客观理性地对待孩子

◎ 卡尔·威特教育箴言

人无完人，在面对孩子的不足时，父母要客观地看待孩子，用鼓励和信任让孩子重拾自信，取得更大的进步。

在对待自己孩子的问题上，每位父母都要持理性客观的态度，每个孩子的性格不同，他所具有的特长也不同，所以，做父母的要了解和认识自己的孩子，不要拿自己孩子的短处去比别人孩子的长处，而忽视自己孩子的长处。

在教育威廉的过程中，我和妻子总是以客观的态度看待孩子。在很多人眼中，威廉是个优秀的孩子，但他不是同龄孩子中最优秀的，我们也不要求他必须要成为最优秀的。

有一天，威廉闷闷不乐地回到家，我问他：“威廉，遇到什么烦心事了吗?”

他低着头不说话。

我继续开导他：“说说看，爸爸能不能帮上你，什么事都能找到解决的办法的。”

威廉告诉我："今天历史课上，老师问了很多历史问题，托尼全都答对了，而我却有很多问题答不上来。"

我问他："老师都问些什么样的问题呢？"

他答道："多数是历史事件发生的时间。"

我对他说："你知道托尼全答上的原因吗？"

威廉说："不知道。"

我告诉他："这是因为你和托尼学习的侧重点不同，托尼的记忆力很好，在学习历史的过程中，他的父母教给他的知识主要是历史年表、各种历史概念等，那么他回答这类问题自然很轻松；在我看来，你不必为这些问题答不上来而烦心，你只要能对人类历史有个大概的了解就行了，没有必要去记忆那些枯燥的历史知识。对于知识，不在于能背诵，而在于是否能理解并灵活运用。每个人都各有所长，托尼擅长历史，而你在数学和外语方面表现的不错，你说是吗？"

听了我的话，威廉的烦心事化解了。

可见，父母只有用客观的态度看待孩子，孩子才能用客观的态度看待自己，从而能始终保持自信；相反，如果父母总拿自己的孩子和别人作比较，并以贬低自己的孩子来达到激励孩子的目的，不仅起不到激励和鼓舞的作用，还会损伤孩子的自尊心，并最终使其失去继续努力的热情。

我的朋友弗纳托在教育孩子的问题上就曾犯过这样的错误。记得有一次，我带威廉去拜访他。他很喜欢威廉，在交谈中得知威廉的学习成绩都是优秀的时候，更是赞赏不已。

于是，费纳托把自己的儿子彼得叫到身边，并问他说："彼得，这次的考试成绩公布了吗？"

看到父亲严肃的表情，彼得怯生生地说："公布了。"彼得边说边把成绩单翻出来递给父亲。

弗纳托看完彼得的成绩单，显然对彼得的成绩很不满意，并当我们的面训斥彼得说："彼得，你的成绩为什么总是这么糟。你看威廉，每门功课都是优秀。你难道就不感到惭愧吗？"

听了父亲的话，彼得极不好意思地跑回了自己的房间。

等弗纳托冷静下来之后，我告诉他，你对彼得的评价并不客观，对孩子来说，父母的鼓励和信任是很重要的，拿自己的孩子和别人作比较，并不能达到激励孩子的目的；为了让孩子的成绩提上来，取得进步，应该鼓励他的长处，让孩子明白自己是有能力的，无论做什么事，别人能做到我也能做到。

教育中，父母要特别注意与孩子的沟通

◎ 卡尔·威特教育箴言

父母只要能坐下来耐心地和孩子交流，那么，孩子既能感受到父母对他的尊重和重视，也能愉快地接受父母的建议，更加乐于合作。

父母在教育自己孩子的过程中不要只管单方面的教导、指挥、命令和训斥，也要注意倾听，多听听孩子的建议和心声，也就是说，如果父母与孩子之间能进行平等而有效的沟通，就能解决孩子教育中遇到的很多问题。

相对于沟通方式而言，奖惩手段恐怕是父母首选的教育方式。当孩子取得成绩时，表扬和奖励一番；当孩子犯了错误时，就用训斥甚至打骂来解决。这种方式就单个个案来处理似乎很有效，但并不能从根本上解决问题，反而会让孩子产生叛逆心理。我和霍耶斯特教授经

多年的研究发现，在教育孩子的过程中，如果父母能用沟通等方式教育孩子，让孩子在理解的基础上懂得道理，更易达到好的教育效果。

没有人否认，父母都是爱孩子的，但有时正是因为爱的方式导致了教育的偏差。有时，孩子犯了错误，父母就进行惩罚，他们认为，惩罚孩子的目的是为了让孩子改正错误，是为孩子好。但一定要讲究方式、方法。面对孩子的错误时，父母应该用宽容而平和的心态来对待孩子，让孩子从心里知道自己的错误所在，而不是因为惧怕父母的严厉而暂时变乖。只有使用正确的教育方式，才能让孩子从根本上认识和改正错误。

父母在表达方式上也要注意，如果总是说否定的话，诸如“你不行!”“你真没用!”等来教育孩子，不仅不能达到预期的效果，反而会让孩子将这些评价当做对自己的真实评价，产生自卑感，从而放弃个人努力，自暴自弃。

有一次，我遇到一个学生家长，他跟我说：“我的儿子8岁了，学习成绩不怎么样却特别贪玩，还经常逃学，打了好几次都没有用。卡尔先生，你有什么好办法教教我。”

听了他的话，我对他说：“您的儿子都8岁了，已经过了不懂事的年龄，他之所以在几次挨打之后仍然逃学，说明他是在用反抗表达对你的不满。要想让孩子真正改正错误，您就要耐心地跟他沟通，听听孩子的意见和要求，找到他逃学的真正原因，必要的时候，应该就自己的粗暴行为向孩子道歉……”

在教育威廉的过程中，他也出现过不合作的情况，每到这时，我就会与他交换意见，只要把道理跟他讲明白了，他通常会接受我的建议。

有一天，我正在书房里忙着工作，威廉却跑进来对我说：“爸爸，您能陪我出去玩一会儿吗?”

我对他说：“威廉，我现在有工作要忙，你先自己出去玩吧，呆会儿我陪你。”

威廉却执意要我陪他出去玩。我被他缠得没办法，便把他带到他的房间，房间里有一个即将完成的积木建筑模型，我对威廉说：“威廉，如果我现在把这个模型拆掉，你愿意吗？”

威廉急忙说：“不行，那是我花了很长时间才搭好的！”

于是，我对他说：“威廉，你想想看，既然你不愿意让别人拆掉你的积木，你如果打断我的工作，我也会很不舒服的。”

听了我的话，威廉似乎有所觉悟，说了句：“爸爸，你忙吧，我先出去自己玩一会儿，等您忙完了，再陪我玩好了。”

可见，在父母与孩子因教育问题而产生矛盾时，只要能和孩子有效沟通，他还是可以听进去道理的。不要因为孩子年龄小，就忽视他的理解能力，父母只要能坐下来耐心地和孩子交流，那么，孩子既能感受到父母对他的尊重和重视，也能愉快地接受父母的建议，更加乐于合作。

教育孩子的过程中不能缺少鼓励

◎ 卡尔·威特教育箴言

当孩子取得成绩时要对他进行及时恰当的鼓励和表扬，但表扬要有针对性，切忌泛泛而谈，表扬的次数也不宜过多，否则会让孩子滋生自满的情绪，削弱表扬的教育效果。

一个成年人在事业上或学习和工作上取得了成绩，政府或相关部门的官员都要给予其必要的奖励，对于一个孩子来说，这种奖励或鼓励更是必不可少的。

我认为，当孩子取得进步时对他进行及时、恰当的鼓励和表扬是必要的，但表扬要有针对性，能起到激励作用，表扬的频率也不宜过多，否则会让孩子滋生自满的情绪，削弱表扬的教育效果。

我和霍耶斯特教授对50名学习成绩差的孩子进行了试验，测试鼓励对孩子的成绩变化究竟有什么影响。在试验过程中，针对每个孩子身上的优点，我们都对他加以鼓励，半年后，这50个孩子的成绩都有了较大的提高，平均成绩达到了中上等水平。这个试验表明，恰当的鼓励是促进孩子进步的有效方法。

在教育孩子的过程中，有些家长在表扬和鼓励孩子上显得有些吝啬和刻薄，他们认为，对孩子，只有严格要求才能有所成就。就算孩子取得了进步，家长心里虽然高兴，但却很少表扬孩子，持这种教育方式的家长认为，表扬会让孩子滋生骄傲情绪；但在孩子有什么地方做得不够好时，就会立即加以指责，孩子在这种教育方式下，承受着巨大的心理压力，为了免受指责，只能让自己做得更好。由于长期得不到鼓励和表扬，就会渐渐失去继续努力的动力，影响进步。

亚当斯是我的一个朋友，他在教育儿子杰瑞的过程中，就很少表扬。杰瑞很有音乐天赋，4岁的时候，已经具备了高超的演奏技能。为了把他培养成音乐家，亚当斯给孩子买了最好的钢琴，请了最好的音乐老师，对他进行严格的音乐训练。但亚当斯的努力并没有达到预期效果，在一次小型的音乐聚会上，5岁的杰瑞在演奏上与一年前相比不仅没有什么进步，甚至还出现过几次失误，很出人意料。

后来，我和亚当斯在一次交谈中了解到，即使杰瑞取得了进步，亚当斯也不会表扬他，反而还要指出孩子的不足之处。亚当斯告诉我，为了防止杰瑞松懈，他唯一要做的就是一直严格要求他。杰瑞在父亲长期的严格教育下，不仅在音乐上没有进步，反而开始对音乐产生反感，甚至憎恶，人也变得越来越内向和孤僻了。

而在教育威廉的过程中，我采取的是多鼓励少批评，当他取得进步时，我会对他给予肯定，有时还会特别庆祝一番。孩子在这种轻松、愉快的气氛中成长，才能鼓起战胜困难和挫折的勇气，迎接各种挑战。

家长在鼓励和表扬孩子时，要掌握一定的管理艺术。首先，当孩子取得一定的成绩时，一定要及时给予表扬，这样可以增强孩子的自信，让他拥有成就感，为取得更大的进步而不懈努力；其次，家长在表扬孩子时，一定要具有针对性，特别是孩子自己经过努力而取得的成绩，要给予特别的肯定；再次，家长要掌握好表扬的尺度，这样可以充分调动孩子的积极性，发挥鼓励的最佳效果；最后，家长在让孩子做一件事情时，可以用鼓励的方式代替以往常用的命令方式，这样可以避免孩子产生抵触情绪，从而让孩子更加愉快地完成父母交代的事情。

威廉的姨妈多莉告诉我们，她的儿子约翰总是把自己的房间弄得乱七八糟，只有在她指令下，他才去整理，但没过几天，房间又变得凌乱不堪了。

多莉生气地问约翰："约翰，我跟你说过多少次了，你怎么又把房间弄乱了?"

约翰说："我以为你不会再注意我的房间了。"

多莉说："难道非等到我的注意不可吗，为什么你就不能自觉地收拾呢?"

约翰说："妈妈，前几天我把房间收拾整齐的时候，你看见了，都没有说什么，我以为不用再收拾房间了。"

这时，多莉意识到在孩子取得进步时，自己忽略了对孩子的表扬。可见，当孩子一件事做对或做好的时候，一定要及时给予表扬，这样更加有利于好习惯的保持，加强孩子对是非对错的认识。

在教育威廉的过程中，我和妻子深切地体会到，指责常常会让孩子产生抵触情绪，降低了教育效果，相比之下，鼓励的方法不仅孩子更加乐于接受，也能达到更好的教育效果。

威廉一两岁的时候，总是把食物洒得到处都是，我们教育了他很多次，他也没有改正这个习惯。有一次，我给他讲了一个故事：有一个国家遭遇了旱灾，庄稼颗粒无收，人们有的被饿死了。见到这种情况，公主用自己挨饿节省下来的粮食救助别人。天神被她的行为感动了，给这个国家带来了雨水，人们很快又过上了幸福的生活。他听完这个故事以后，自觉地改掉了乱扔食物的不良习惯。看到威廉的进步，我和妻子及时表扬了他，从此，他再也没有浪费过粮食，还常常提醒其他小伙伴不要浪费粮食。

可见，要想达到良好的教育效果，父母不要吝啬，及时对孩子进行鼓励，孩子在得到父母的肯定之后，会逐渐形成自己的价值观，并用它来指导自己的行为。所以，父母千万不要吝惜自己的表扬，孩子在父母的鼓励下，会变得更加优秀。

第十一章

培养孩子的好素质

把自己的孩子培养成一个全面发展的人，几乎是所有父母的共同心愿，然而，全面发展确实是一个很难达到的目标，但是，如果采用正确合理的方法，将孩子培养成为一个多方面的人才是可能的。即使如此，这也要求每一个做父母的要客观、公正地了解自己的孩子，在对孩子进行教育中，不但要掌握人的必备素质，还要掌握自己孩子的主要特长，这样才能因材施教，把自己的孩子培养成具有高素质、多才智的优秀人才。

孩子自信心的培养

◎ 卡尔·威特教育箴言

自信心是一个人成功所需要的重要素质之一，它是需要从小培养的。培养孩子自信心最有效的办法就是鼓励。

究其实质，人一生的主要活动就是做事情，成功的人就是把大事做对、做成的人。然而，做成小事也不都是轻松事，做成大事则更不容易，这是因为：一个人在人生的道路上要取得成就，需要具备多种素质，其中，自信心就是重要素质之一。

自信心是一个人的主见。一个没有自信心的人，不能指望他能够做出实质性的成就。自信心也是打开一个人生命潜能大门的钥匙。没有自信心，就无法开发人的潜能。因此，自信心是一个人成功的最重要的意志品质，它是需要从小培养的。

父母教育孩子的一项重要内容就是培养孩子的自信心。我了解很多父母对这一点认识不足，往往把注意力集中在教孩子一些知识或训练孩子一些技能上，而忽略对孩子自信心的培养，这是一种极大的教育失误。父母必须明白，你的孩子不论将来从事什么职业，做何种伟大事业，他要想取得成功，自信心是必备的最重要的素质之一。

我和妻子在培养威廉的自信心方面，也曾有过一些波折。我记得在威廉 3 岁的时候，有一天在她妈妈做家务的时候，小家伙跑过来提出要帮妈妈洗碗。

“那可不行！碗、盘易碎，弄不好会伤了你的，你还太小，洗碗还不是你能做的事！”妻子毫不犹豫地拒绝了他的要求。对于一个3岁的孩子来说，这份工作的确不那么容易。

听妈妈这样说，威廉很不情愿地走开了。当我回到家时，很快发现了他的异常，问清了事情的原委后，我对妻子说：“你错过了一次锻炼孩子的好机会。小家伙的自信心显然被你打击了。”

“可是，这么小的孩子能做得了这么危险的事吗?”妻子显得很犹豫。

“做不好又怎样呢？把衣服弄湿？或者摔碎一个碗？但是这又如何呢？我想除此之外，洗碗是不会对孩子造成什么伤害的。”

“我还是担心这样做会有麻烦。”

“如果孩子能够通过做家务认识到自己的能力，他会感到很自豪，以后就会积极主动地做他力所能及的事情，这对提高他的能力可是大有好处啊。我们应该给他这个机会。”

妻子和我最终达成了共识，等到下一次洗碗的时候，她就主动叫威廉过去帮忙。说实话，威廉洗得并不干净，于是妻子就稍悄地再洗一遍。我们知道，儿子第一次可能洗不干净，但多做几次后，他就能洗得又快又好了，到时候再给他适当的表扬，他就会觉得自己可以做得很好，这对提高他的自信心大有好处。

很多时候，当孩子主动要求做点什么时，父母总是断然拒绝。这实际上等于告诉孩子，你不会干、不能干。每个父母都非常希望自己的孩子成为优秀能干的人。但教育孩子的时候又用否定的眼光看待他们，不允许孩子去尝试，限制他们的发展。孩子们的好奇心都很强，他们喜欢尝试新事物，这是一种树立自信心的好机会，可很多父母的限制做法使孩子们觉得自己很无能。这样的事情几乎每时每刻都在发生。

当孩子要帮妈妈洗碗时，妈妈往往会夺过去说："亲爱的，你会把碗打碎的。"殊不知这样一来，碗固然是保全了，孩子的自信心却受到了伤害。

当孩子要自己吃饭时，妈妈就会说："你会把汤喝到衣服上去的！"然后抢过勺子喂他。这些父母丝毫没有意识到这样的做法在不断地打击着孩子，让他们对自己的行为产生怀疑。很多孩子就是这样被父母损伤了树立自信心的机会，他们往往变得自卑而不愿行动。

事实上，培养孩子自信心最有效的办法就是鼓励。在孩子的成长过程中，父母需要不断地鼓励孩子去尝试，让他们在鼓励中获得自信，在尝试中学习技能。我的父亲说过："孩子喜欢鼓励就像花儿喜欢阳光。"可见鼓励对孩子自信心的形成有多么重要。

事实上，孩子有着极强的可塑性，有些事情刚开始做时，他们可能做得漫不经心，但只要鼓励他们大胆探索，他们很快就会提升兴趣，树立自信心，取得成绩。而有些父母却人为地推迟了孩子学本领的进度，并使孩子对自己的能力产生怀疑。这种做法将会对孩子的一生产生消极的影响。

父母必须明白，任何成功都是建立在一次次失败基础之上的。什么也不做的孩子永远不会犯错误，但这样的孩子将来注定是一个无能的人，等到他被社会遗弃的时候会翻然醒悟，但为时已晚，他一生最大的错误就是不敢犯错误。我们应该鼓励孩子要敢于尝试，不怕犯错误，同时还要注意维护他们的自尊心和自信心。当孩子因为积极行动而犯错误时，父母一定不要失去耐心，更不应该责骂孩子，而应该安慰孩子，帮他们重新找回自信。

一旦孩子对自己的行动和能力缺乏自信，那么表现出来就是做事萎缩不前，摇摆不定，缺乏积极性。孩子心理的自我排解能力较弱，容易产生自卑心理，自卑的孩子很难积极参与各种活动，这对未来独

立做成事很不利。实际上，帮助孩子建立起自信，关键是要抓住鼓励的时机。所以，研究怎样鼓励孩子是父母应该下大工夫的事情。

通过我对威廉的教育，我发现帮孩子树立信心其实并不太难，我总结出几点经验：

第一，父母应把赞扬和鼓励作为教育孩子的主导方法。孩子很小的时候，他不知自己能干什么，他需要父母对他的指导和鼓励，这样他会逐渐建立起自信心。当孩子看到自己在父母眼中是那样的好，他会鼓起勇气做得更好。当孩子不断被父母批评时，他会感到自己是如此无能，他无法将事情做好，于是会看不起自己，失去勇气与自信。

第二，避免拿自己的孩子跟别人的孩子比较。每位父母都应该清楚，每个孩子都有他自己的长处和与众不同的个性，每个孩子只有从他自己实际的基础上发展，才能实现自我价值。总是拿自己的孩子和别人的孩子来比较，首先会让孩子产生他不如人的感觉，而这种感觉会让他看不起自己，感到泄气。其次，孩子会产生出忌妒的情感，当一个人把精力用在忌妒别人时，他就没有足够的精力把自己的事情做好。再次，即使激发起孩子向别的孩子学习的欲望，那也是盲目的学习，会使你的孩子失掉自己的特点与个性，成为别的孩子的仿制品，而且，仿制品永远难以赶上或超过原生品，从而使孩子产生劣等感，最终丧失自信心。

第三，正确对待孩子的失败与挫折。当孩子做一件事情失败了或者遇到其他挫折，此时，他们的内心一定是痛苦和伤心的，他们此刻最需要的绝对不是父母的训斥或者嘲讽。他们也不需要父母无原则的安慰与同情。他们最需要的是父母的理解、支持与鼓励。父母应该心平气和地对待孩子的失败，帮孩子找出失败的原因；让孩子知道，失败与挫折是一个人取得成功的必经阶段，父母并不会因此而减少对他的爱。当父母满怀信心和热情地鼓励孩子时，会极大激发孩子克服困难的勇气，恢复孩子的自信心。

总之，我认为，在提高孩子的素质教育中，孩子自信心的培养应放在较重要的位置上，比其他素质的培养要有更多的投入。

孩子毅力的培养

◎ 卡尔·威特教育箴言

毅力作为一种持之以恒的做事风格，对孩子来说具有重要意义，只有具备这种品格，才能在未来战胜各种挑战，实现更高的人生价值。

在培养孩子重要素质的同时，孩子的毅力培养也是一个重要方面。父母在培养孩子提高做事能力的时候，不能只要求孩子敢于去做某些事情，还应该关注做事的过程和效果，要求孩子在做事情的时候要坚持不懈，尽自己的能力做到最好，不能马马虎虎应付了事。孩子天性活泼好动，普遍缺少耐心，容易贪玩，很少会把事情做到有始有终，我反对父母去吹毛求疵地苛求孩子，但希望父母能有意去培养孩子专注和坚持的精神，让他们严格要求自己，最终形成持之以恒的做事风格。只有具备这样的素质，孩子才可能在未来战胜各种挑战，超越自己，实现更高的人生价值。

没有持之以恒的毅力，就不能保证事情有完美的结局。毅力在人的成长过程中，有着特殊的意义，因此，父母不仅要重视开发孩子的智力，更要重视培养和锻炼他的毅力。

威廉的做事毅力是逐渐培养起来的，虽然他比同龄的孩子更勤奋，一件事情往往会比同龄的孩子做得稍好一些。但在一开始做事时，他也是一旦遇到困难也会敷衍了事。我们注意到了威廉的这种倾向，并且很快进行了纠正。我认为，孩子对钻研、精益求精等大道理是很难理解的。与其给孩子讲这些大道理，不如留意他的一举一动，寻找一个机会，给他适当的点拨，让他在亲身经历中自己体会。

一天晚饭之前，我和威廉背着画板在郊外散步，想有了灵感就作作画，天上是一片美丽的晚霞。

“你瞧！威廉，金黄色的云彩正在变成橘红色！”我提醒威廉天边正在发生美妙的变化。

“真是太美了！爸爸，如果我能把它画出来就好了！”威廉马上跃跃欲试了。

“好啊，我支持你！只要你留心它的颜色和变化的过程。”我鼓励他说。

威廉马上坐在地上掏出画板，面对着夕阳，兴致勃勃地开始作画。起初，威廉并不着急，但是天色很快就暗了下来，威廉开始有些急躁了，而越是着急就越出差错，很快这幅画已经被涂抹得不成样子了。看他这付急样子，我保持了沉默，想看看他接下来要怎么做。太阳很快落下去了，晚霞也消失了，威廉凭着最后的印象在画板上随便涂了几笔，草草收场。

天黑之前我们赶回了家。

晚餐后，我提议和威廉讨论一下他的作品。

威廉有些不太情愿地拿出了他的画作——他妈妈竟然没有看出上面画的是晚霞——当然她并没有说出口，那种意象画对一个孩子来说的确太难画了。

“这是画完的吗？还要不要做一些修改？”我问威廉。

“是的，我已经画完了。”威廉淡淡地说，看来他再也不想谈什么晚霞的事。

“你看，这上面的云彩，是不是有些怪怪的？”

“我们今天傍晚看到的景象，好像并不是这个样子。难道你想要的就是这种效果吗？”

“当然不是！可是天黑得太快了，没等我看清楚它就消失了。没办法，只能画成这样了。”威廉解释说。

“孩子，我想带你看些东西。”

他说：“好啊。”于是我把他带到我的书房，拿出我珍藏的画册。

我把画册翻到风景那部分，对威廉说：“威廉，你觉得这幅画上面的晚霞怎么样？”

这些画册威廉早已看过很多遍了，但这一次，毕竟是在进行对比，他立即看出了差距，并赞叹说：“真是太了不起了！可是……这是大师的作品，我怎么能和他们相比呢？”威廉说。

“他们能把晚霞画得如此美妙传神，的确是因为他们在这上面花了很多工夫，他们甚至用一生去努力。也许你的理想并不是当一个画家，但是既然画了，就应力求画的最好，就算达不到大师的水平，也应该朝那个方向努力才对。你说呢？”

威廉可能已经明白了我的意思，说：“爸爸，开始我确实是很认真的，可是我怎么画也画不好。”

“你知道为什么吗？你没有坚持！孩子，也许你认真过，但你也许不知道，贝多芬创作《第九交响曲》用了一年半，达·芬奇创作《蒙娜丽莎》用了4年，而歌德写《浮士德》花费了整整60年！他们花费了无数心血，如果他们没有毅力，不去坚持，也就不可能有这些名作！所以，想要做好一件事，就必须持之以恒，必须拿高标准来要求自己。如果你仅仅满足于比其他小朋友强，就不可能有什么大进步。”

我的一番话极大地震撼了威廉，第二天一早，威廉就起床去观察朝霞，仔细琢磨应该怎样去描绘它。黄昏时，他又去观察晚霞。经过一个多月观察，他已经对云彩的变化了然于胸了——他最终是在自己的房间里完成那幅画的。

当我和妻子看到这幅画的时候，我们既高兴又惊讶，我们从来没有想到一个孩子能把晚霞的绚丽表现得如此淋漓尽致。在这幅画中，充斥着朦胧的夜色和夜幕降临前原野的昏暗和空旷。威廉并不是简单地呈现晚霞的色彩，而是表现出了整个傍晚的意境。威廉所做的事情完全超出了我的意料。

培养孩子的毅力是个需要耐心教导的过程。在生活中父母可以充分利用各种机会培养孩子的毅力。假如孩子喜欢花草，父母可以买来花盆和一些花籽，鼓励孩子种植，并告诉孩子，父母希望看到你种植的花卉能真正的开花结果，这样会激励他要耐心的做好园丁的工作，直至花开，而他的毅力也就得到培养和锻炼。

培养孩子的坚强素质

◎ 卡尔·威特教育箴言

坚强既是一种品格，更是一种力量。父母要通过有意识的引导、教育和磨炼，使孩子逐渐学会如何面对困难、面对危险，养成坚强的品质。

坚强作为一个优秀人才的必备素质，不是想学就学得会的，而是在经历种种困难、危险、挫折、失败的过程中形成的。因此，父母在孩子的婴幼儿阶段，就应该通过有意识的引导、教育来对他进行培养和磨炼。

坚强的培养存在于生活的种种细节中。比如说：当孩子摔跤了，不要急于扶起他，当他自己设法站起来时，你再给予鼓励；当孩子受了委屈哭起来，不要急于去哄他，等他不哭了，你再去做解释并帮助他；当孩子因不会穿衣而烦躁时，不要急于帮助他，让他经过自己的努力穿好后，再夸奖他……单纯的说教并不能使孩子变得坚强，父母若能调整心态，硬起心肠，在类似的细节上做足功课，才能让孩子在生活中潜移默化地坚强起来。

在孩子经受到挫折后，父母不要责备孩子，而应该积极地帮助孩子认真查找挫折的原因，并找到应对方案。如果不管不问显然是很不负责任的，那些美其名曰让孩子承受更多的磨炼之类的论调是不对的，而事事关心，所有问题都帮助孩子解决也是不对的。最重要的方法就是帮助孩子一起渡过难关，让孩子体验到失败的压力，同时也让他体会到，这是父母对自己的爱护和帮助。

我在威廉很小的时候就告诫他，一个人应该独立而坚强，绝对不能事事依赖别人，更不能靠别人的怜悯生活，如果做不到这一点，那么他将来就不可能成为一个能自立的人。我认为，当孩子遭遇失败的时候，如果父母能够以平静的态度来鼓励孩子，以适当的方式去帮助孩子，就会使他变得更加坚强起来。

有一次，威廉在学校的赛跑比赛中是最后一个到达终点的，这对一贯要强的威廉来说，的确是个不小的打击，他为此一连好几天都闷闷不乐。我注意到了这一点，但是并没有马上安慰他，因为让孩子适当地承受一些痛苦，可以帮助他克服自以为是的倾向，有助于他认识到挫折的客观存在性。几天后，我才决定和他聊聊上次赛跑的事。

“威廉，还在为那件事难过吗?”

“是的……我没想到自己是全年级最差的！”威廉叹道。

“是啊，那种感觉一定糟透了！你想过原因吗？”

“我知道，是我身体不如他们。”

“我可不这么认为，”我马上否定了他的解释，“你的身体并不比他们差。”

威廉抬起头来疑惑地看着我。

“真正的原因是你的年龄，你知道吗，你跳了两级，上学又比别的孩子早，所以你是班里年龄最小的孩子。听老师说，这次的比赛是按年级分组的，你和那些比你大3岁的孩子比，当然跑不过他们啦。”

“可是，我还是很难过，因为我毕竟是最后一名。”

“威廉，这是没办法的事，你年龄小，个子比他们矮，但是你的学习成绩是全班最好的，不是吗？这说明你的智力比那些大孩子还要高。如果你和同样大的孩子赛跑，肯定能取得好成绩的。”

听我这样解释，威廉才明白了，脸上有了笑容。此后，他再也不为这件事感到难过了。

即便是对于一个小孩子，挫折和失败也是经常遇到的事，如果父母对孩子的要求太高，并且经常批评孩子，就会给孩子带来很大的压力，不但会打击孩子的自信心，还会使孩子长期处于紧张状态。这样一来，孩子就会接连不断地品尝失败的苦果，直到他们最后一点的勇气也丧失贻尽。每一个父母都应该好好反思一下，看看对孩子的期望是否太高了，是否给孩子带来了太大的压力，如果是，就应该及时调整自己的态度，帮助孩子尽早摆脱失意、沮丧的心情。

坚强是一种品格，坚强更是一种力量。面对未来，面对挫折这种品格和力量是不可或缺的。培养孩子的自立能力，让孩子学会坚强，学会平和地面对失败，这才是对孩子真正的爱。任何放纵和迁就的行为都会造成孩子的依赖思想。做父母的责任，不仅仅是为孩子创造良好的生活条件，还应当鼓励孩子积极尝试，寻找战胜困难的途径和方法，帮助他们树立坚强的意志和毅力。

培养孩子的想象力

◎ 卡尔·威特教育箴言

想象力是知识进化的源泉，也是创造力中最活跃的因素。孩子的想象力是宝贵的，父母要用心呵护，并采用正确的方式引导孩子大胆想象，成为富有创造力的人。

人们知道，想象力是创新的前提，缺乏想象力的工作就是模仿，模仿只能生存，不能前进，因此说，我们培养优秀的下一代，不是要求他们只会模仿，而是需要他们做开拓者，开拓者不能没有想象力。

想象力远比知识更重要，因为知识是有限的，而想象力可以创造无限。想象力才是知识进化的源泉。幼儿期是孩子想象力最丰富的时期，他们会认为月亮婆婆每天晚上能为自己盖被，小白兔会说话，星星会眨眼，还会跳舞，等等。想象力对于一个人是否有所成就起着至关重要的作用。

在我小的时候，父亲经常对我说，不管一个人有过多少失败，只要他还有想象力，他就有最后成功的希望。父亲还对我说，那些伟大的人物之所以在各自的领域取得那么大的成绩，其中一个主要原因就是他们有着过人的想象力。没有想象力的人是不可能成功的，因为想象是创造的前提。

和父亲一样，我非常注意培养威廉的想象力。在他有思考的时候，我就经常给他讲故事，我在讲故事的过程中有时会中途停下来，留下一个让他想象的余地，然后让他自由发挥想象，由他续讲下去。我发现这种方式非常有效，和同龄孩子比起来，威廉具备了惊人的想象力。

有一次，威廉去他的朋友吉米家玩，回来后一脸的不愉快。原来，威廉和吉米一起画画的时候，吉米的父亲阿克蒙德先生回来了，他拿起威廉的画端详了半天，然后皱着眉问他："你画的这是什么，威廉?"

"波顿骑士在战斗。"威廉回答。

"噢，可我没有看出来。"阿克蒙德先生对画作给予了否定。

"哪儿不像呢?"威廉抬起头问他。

"你瞧！他的矛太长了。还有，波顿骑士战斗的时候应该是骑马的，可他却是在飞，真是太可笑了!"

"这是我故意画的，我觉得这样很好。我可以想象他能飞起来，还可以想象他拿着可以喷火的盾牌。"威廉嘟着嘴争辩道。

"想象?!"阿克蒙德先生教训起他来，"孩子，让我来告诉你，想象最不可靠，想象只会让你变成可笑的妄想家，我提醒你还是按真实的样子画比较好。"

"可是……我爸爸说画画的时候应该想象。"

"也许我不该在这里评价你的父亲。"阿克蒙德先生说，"但他显然错了，做事怎么能单凭想象呢，这样会让你将来成为一个妄想家!"

"可我觉得没有想象就画不好画，我的每一张画都会想象，我觉得想象会使我快乐。"威廉嘟噜着。

虽然威廉并不同意阿克蒙德先生的说法，可是又实在找不出反驳的理由。备受打击的威廉只好闷闷不乐地回了家。

听了威廉的陈述，我为阿克蒙德先生的死板和缺乏想象而遗憾，我告诉威廉："想象并不等于空想，想象绝非一无是处！人类的一切发明创造都是以想象为前提的。不仅艺术家需要想象，科学家、作家、军事家、工程师，甚至商人都需要想象，如果没有想象就不可能成就他们的事业。你要坚信这一点。"

我生怕威廉受到不良教育的影响，继续为他耐心地分析："喜欢想象并不意味着不切实际，相反，想象和现实是紧密联系的。当苹果砸在牛顿头上的时候，如果他不去想象，怎么会发现万有引力呢？"

我告诉威廉，那些没有想象力的人，无论做什么事情，都是在模仿和抄袭，他们永远都不知道如何发明和创造，更谈不上取得什么成就。

"我知道了，"威廉脸上又有了笑容，"如果没有想象力，我们就不可能有进步，没准现在还住在山洞里呢。"

"是这样的。"我对他的判断给予了肯定。

培养孩子的想象力是非常重要的，因为想象是创新能力中最活跃的因素，只有拥有想象力才能有更多的创新。那么，怎样才可以有效地培养孩子的想象力呢？

第一，让孩子更可能多地观察各种事物，在头脑中形成大量的事物形象，为发挥想象力奠定基础；

第二，给孩子讲故事，让孩子续编故事，等孩子具备了阅读能力之后，让他大量阅读书籍；

第三，让孩子大胆地去想象着去绘画和写作；

第四，让孩子多做有益的游戏，在实践中积累经验；

第五，提高孩子的语言表达能力，这样更加有利于把想象的内容用语言描述出来。

孩子的想象力是诸多能力中最精华的部分，父母要用心呵护，并采用正确的方式引导孩子大胆想象，把孩子培养成为富有创造力的人。

培养孩子的责任心

◎ 卡尔·威特教育箴言

责任心是孩子各项能力发展的基础，也是每个孩子应该具有的优秀品质，父母可以从身边的小事着手，培养孩子的责任心。

为家庭、为他人、为社会承担必要的责任，是公民的义务，也是一个高素质人才必备的素质。而责任心必须从小时候就要培养。

在孩子的素质培养中，责任心也是重要的组成部分，它是孩子各项优秀品质发展的基础。父母在培养孩子的责任心时，注意要让孩子从身边的小事抓起，通过完成任务，孩子自然能体会到一种成就感和自我价值，从而自觉地为家庭和社会承担一定的责任。

责任心是每个孩子都应该具备的优秀品质，无论家境如何，父母都要为培养孩子的责任心创造条件。在家里父母可以让孩子帮助自己做一些力所能及的家务；还可以让孩子参与家庭事务讨论，让他发表自己的意见，这样既能锻炼他的独立思考能力，也能让他体会到家庭责任的分量。通过家庭生活培养出责任心的孩子，在他进入社会后，会把责任心扩展到整个社会。

在教育威廉的过程中，我们是通过鼓励他进行各种有意义的活动来进行的，并告诉他一定要勇于承担责任以及逃避责任的后果，让他在实际活动中，充分认识到责任心的重要性。

有一段时间，威廉喜欢做毁坏花草的恶作剧，我跟他讲过几次道理，刚开始能收敛几天，但没过几天毛病又犯了，拔得满地都是花草。看到这种情况，我没有训斥他，而是让他担任我的花园小助手，给他一定的权力和责任。

我把威廉叫到身边，诚肯地对他说：“威廉，这阵爸爸很忙，我需要一个管理花园小助手，帮助我照料植物的工作，你愿意做吗?”

威廉想了一下，觉得很有趣，于是说：“爸爸，我愿意，有什么要求你就吩嘱吧!”

看到我的提议引起了他的极大兴趣，我接着说：“好啊，爸爸想听听你的意见。”

威廉说：“我想种一些新植物，比如玫瑰、草莓、樱桃什么的，等玫瑰花开了，我可以把它们送给妈妈，草莓和樱桃我们可以自己吃。”

听了威廉的想法，我对他说：“威廉，你的想法很好，我们明天就开始行动吧。”

第二天，威廉很早就起床了，拉着我到花园里把该种的植物都种好了。在以后的日子里，他主动承担起照料这些植物的责任，给植物浇水、除草，常常弄得浑身脏兮兮的。即便如此，我和妻子仍然很支持孩子，在我们看来，培养孩子的责任心比保持孩子的整洁重要得多。

孩子是天真无邪的，如果父母能对孩子进行正确引导，让他把所做的事都赋予责任和义务，他们是愿意接受的。而且，长期的教育和培养他们的责任心就会与日俱增，直至成为一个负有责任心的高素质人才。

培养孩子的仁爱之心

◎ 卡尔·威特教育箴言

善良是一种美德，也是其他一切优秀品德的基础。与掌握高深的学问相比，拥有一颗善良的心更加重要。

善良是人的一种美德，也是其他一切优秀品德的基础。我的父亲一直教导我说：与掌握高深的学问相比，拥有一颗善良的心更加重要。

在我8个月大时，我家里曾发生了一件事，让父亲下决心开始对我进行品德教育。平时都是母亲喂我吃饭，那天母亲正好有事出门了，只好由女佣喂我吃饭。由于我习惯于母亲喂我吃饭，所以，我拒绝女佣喂我吃饭，并用手抓她的脸。这件事对父亲的触动很大，决定对我进行善良本性的品德教育。

由于我的年龄还小，理解能力有限，父亲就找来许多行善的故事，尽量用简单易懂的方式讲给我听。在这些故事中。我逐渐学会了辨别善恶，从中受到了深刻的教育。

有些故事至今让我记忆犹新。在我3岁的时候，父亲给我讲了一个行善的故事，其中的道理相当深刻。那个故事的大致内容是，在一次募捐仪式上，财主们捐了很多钱，而一个贫穷的妇人只捐了两枚硬币。虽然那些财主捐的钱比那个妇人的数目多的多，但那个妇人却比那些财主更加有爱心，因为那些财主只捐了他们剩余的钱，而那个贫穷的妇人捐的却是她仅有的钱。这个故事让我对行善有了更多的认识，行善的形式并不重要，重要的是行善者的内心是否纯粹。

当威廉很小的时候，我同样把这些行善的故事讲给他听，在他幼小的心里种下行善的种子。

在威廉5岁生日的时候，他做了一件引以为自豪的事。那天，我妻子带威廉上街给他买生日礼物，威廉喜欢上了一件呢绒披风，妈妈为他买下来了，他当时就迫不及待地穿在了身上。

在回家的路上，有一对衣衫单薄的母女在寒风中乞讨，他立刻对母亲说："妈妈，您看街对面那个小女孩在发抖，她生病了吗？"

妈妈告诉他说："不是生病了，是冻的。"

听到母亲的话，威廉犹豫地看了看自己的新披风，然后向那对母女走去。走到那个小女孩跟前，对她说："天气这么冷，你把这件披风穿上吧。"边说边脱了披风递给那个女孩。

看见这场面，女孩的母亲有点不知所措："好孩子，谢谢你，这件衣服太漂亮了，我们不能要。"

威廉说："阿姨，这件衣服我穿着有点小，这个小妹妹穿上正合适。"

这时，我妻子也走了过来，微笑着对她们说："是啊，这是孩子的一份心意，你们收下吧。”

于是，那位母亲心怀感激地接过那件衣服，让小女孩穿在了身上。

回到家，妻子把今天在街上发生的事告诉了我，我发现威廉并没有因为把自己心爱的生日礼物送人而感到遗憾和后悔，并且还告诉我，这次生日比以前任何一次生日都过得让他开心。在帮助别人的过程中，他体会到了仁爱的乐趣。对一个孩子来说，发现自己对别人的价值，会让他从内心生发出一种自豪感，其实，善行本身带来的喜悦就是善行最好的回报。

我父亲曾经说过：“学习可以给我们带来知识和快乐，行善则可以让我们得到上帝的奖赏。”虽然每个时代的价值观各有特点，但是，诚实、善良、勇于负责等应该是任何时代的人都需要具备的基本道德品质。

培养孩子的诚信素质

◎ 卡尔·威特教育箴言

诚信是一种美德，也是为人处世的根本原则，在人与人的交往中，只有以诚信为基础，才能得到别人的尊重和信任。

诚信是人的一种美德，而且，它在道德所含盖的诸多美德品质中居于首位。这是因为，一个没有诚信的人，即无道德可言，一个人、一个民族，一旦丧失诚信，就会沦为劣等人、劣等民族。

为了让我养成讲究诚信的品质，我父亲可谓是煞费苦心。刚开始，他告诉我信守承诺是一种高尚的品德，我听了以后很不以为然；父亲看到简单的道理不能有效地教育我，就给我讲了一个故事，让我从中体会诚信的重要性。

故事讲的是：从前，有一条叫布哈亚的鳄鱼。在水里待腻了，就想到岸上看看，岸上的确比水里快意多了，它不知不觉地来到一片沙漠上。沙漠气候炎热，布哈亚热得连爬回水里的力气都没有了。它心想，今天自己恐怕要晒死这里了。正在发愁的时候，它看见了一个年轻人，它赶忙向对方喊道："亲爱的年轻人，我一看你，就知道你是一个善良而热心的好人，能不能帮我一个忙，把我背回水里去，我会好好报答你的。"

那个年轻人答应了鳄鱼的请求，把布哈亚背回了水里。当年轻人把布哈亚放回水刚要离开时，布哈亚却一把拖住年轻人的腿说："亲爱的年轻人，谢谢你把我背回来，按理说，凭我的饭量，应该把你整个都吃掉才对，现在为了表达我的谢意，我只吃你的一条腿。"

听了鳄鱼的话，年轻人知道自己上了当，挣扎着要逃脱，但鳄鱼的力气太大了，年轻人始终无法脱身。

年轻人后悔地说："真没想到，你是个忘恩负义的家伙，我真后悔帮助你!"

年轻人和鳄鱼的争吵声把熟睡的河马惊醒了，为了让他们安静下来，河马过来给他们评理。年轻人把事情经过告诉了河马，河马说："鳄鱼那么重，你说是你把它从沙漠背到河里的，怎么可能呢？除非你再背一次给我看。"

鳄鱼心想，这个年轻人的力气刚才就用得差不多了，他肯定背不动我。于是，答应了河马的要求。

年轻人为了证明自己说的是实话，只好把鳄鱼背到原来的地方。

这时，河马问年轻人：“你还愿意把鳄鱼背到水里去吗？”

年轻人对河马说：“它是个不讲信用的家伙，第一次我都后悔了，怎么还能背它第二次呢？”

说完，年轻人和河马离开了鳄鱼，鳄鱼发现自己中了计，就对他们喊道：“你们说过把我背回去的，怎么不讲信用呢？”

河马回头对鳄鱼说：“跟你这种不讲信用的家伙，有什么信用可讲呢？”

最后，这只不讲信用的鳄鱼被太阳晒死了。

父亲讲的这个故事，对我教育很深，从此，我做事一直把讲诚信放在首位，讲诚信也给我带来了很多的益处。

在教育威廉的过程中，我十分重视让他从小养成诚信的品德。

有一次，我的同事送我两张俄罗斯大马戏团的戏票，这是在我们这个城市的最后一场演出。回到家后，我把晚上去看马戏的消息告诉威廉，他高兴极了，催促我赶紧出发。

在去看马戏的路上，我们遇到了罗尔斯先生。罗尔斯先生是威廉的朋友哈里森的父亲，一看见我们，他就高兴地对威廉说：“威廉，哈里森已经准备好了，你们快去吧。”

听了罗尔斯的话，我感到有点奇怪，等罗尔斯走后，我问威廉：“哈里森准备好什么了？”

听了我的话，威廉的表情有些不自在起来，吞吞吐吐地说：“今天晚上哈里森在家里举行晚会，他邀请我参加。”

我接着问：“你接受邀请了吗？”

威廉说：“我答应了。”

我问威廉：“你既然先答应了哈里森的邀请，为什么还要去看马戏？”

威廉说：“现在我特别想看马戏。”

我问他:“那么哈里森那儿怎么办?”

威廉说:“我可以告诉哈里森,我生病了,不能参加聚会了。”

听到威廉这么说,我有些生气地对他说:“难道为了看一场马戏,你就要撒谎吗?”

威廉说:“这有什么吗?不就是一次约会吗!”

我严肃地问他:“威廉,你现在决定一下,到底是去参加晚会,还是去看马戏?”

威廉想了一下,对我说:“我还是想看马戏。”

听了他的话,我生气地把那两张戏票撕得粉碎,拉起威廉回了家。

回到家后,我以命令的口吻对威廉说:“赶紧准备一下,我把你送到哈里森家。”

威廉哭闹着说:“我现在哪儿也不去了!”

我意识到自己的行为有点过激,于是缓和了一下语气对为威廉说:“威廉,马戏是很精彩,但你要知道,马戏以后还有机会看,但一旦失去了朋友的信任,就无法挽回了!”

威廉还在抽泣。为了安抚他的情绪,我把父亲曾经讲给我的关于鳄鱼布哈亚的故事讲给威廉听。听了这个故事后,威廉渐渐平静了下来,也明白了我的用意,于是对我说:“爸爸,我决定去参加晚会,我可不想做布哈亚那样的家伙。”

在培养孩子树立诚信的过程中,可能会遇到困难和孩子不容易接受的情况,但是这也正是教育孩子讲求诚信的好机会。只要父母采取的教育方法得当,孩子是会接受的。

培养孩子的独立意识

◎ 卡尔·威特教育箴言

每个孩子都有在别人面前证明自己有独立完成某些事物操作能力的愿望，因此，父母在任何时候都不要阻止或代替孩子去做他们可以做的事，这样可以培养孩子形成独立意识。

不管是在什么情况下，还是什么时候，阻止或者代替孩子去做他们可以做的事，都是对他们的学习积极性和增长才干实践的损害和打击。孩子自己可以做的事，家长千万不要替他去做，应该让孩子自己去完成。否则，就会使孩子失去亲身实践的良好机会。同时，这种方式是对他们勇气和能力的不信任，容易让孩子产生自卑和依赖感。

安全感是建立在可以用自己的能力去处理问题的基础上的，如果孩子没有自信心，那也就没有安全感可言了。我对威廉的教育就是按照这个原则去做的。

有一个孩子，他的父亲在他很小的时候就去世了。孩子的母亲觉得孩子从小就缺少父爱，因此加倍溺爱他，当孩子已长到 4 岁时，母亲还一餐不落喂他吃饭，为他穿衣。在孩子整个的幼年时期，几乎没有什么事情是亲手完成的。当孩子再长大一些时，他竟然连基本的吃饭穿衣都不会，而与他同样大的小伙伴们这些事情上已经是自己做了。有人提醒这个孩子的母亲，应该让孩子自己去完成这些事情，否则会害了孩子，可是这个母亲却说："孩子就是我的一切，我愿意为他做出一切牺牲。"

母亲何尝不愿为孩子牺牲一切呢？可惜这位母亲并不懂得这样的"牺牲"完全不利于孩子的成长。这种"牺牲"也不具一点实际意义，如果有，当母亲的有一天不能再这样照顾他时，孩子就会像无根的花朵一样迅速枯萎。

如果家长总是替孩子做他们自己可以完成的事，就相当于是家长在告诉孩子，他们比孩子更有本事、更有能力和经验，从而显示出家长的伟大，孩子的渺小。在这样的教育下成长的孩子，也许会气度不凡，身强力壮，但却都是缺乏勇气与能力、畏缩胆小的人。没有良好的独立能力，如何去拥有美好的未来？

我的妻子在培养威廉的独立能力时表现得非常理性。当孩子到了该自己穿衣服的时候，她就果断地不再替孩子做这件事了。但她会在旁边指导示范，并看着威廉自己穿好衣服。她并不催促威廉，而是耐心地鼓励他："别着急，你要知道你现在已经是一个大孩子了，应该自己穿衣服了。"起先，威廉坚持他自己不能穿，但他母亲并不理会这些，也不会心软，仍坚持让他自己穿，并不断给他打气："慢慢来，妈妈相信你一定行的。妈妈闭上眼睛数数，看看我的孩子要用多久的时间才能穿上。"威廉有时候也许会继续做下去，但是也可能不再做任何努力开始哭泣，母亲这时就不再答理他了。当孩子发现自己的哭闹并不能引起母亲的怜悯时，他就会继续尝试靠自己的能力来解决问题。这样，没过多久，威廉就学会了自己穿衣服。又如，在威廉还是婴儿的时候，我就常常让孩子单独睡在摇篮中，而不是睡在他毋亲的怀里。威廉的喂奶时间也有很严格的规定，如果没有到规定的时间，就算他如何哭闹，母亲也不会给他随便哺乳。我和妻子就是从这些小事上开始培养威廉的独立意识的。

在德国古代的时候，儿童就被当做独立的成年人来对待。贵族们常常让自己的孩子离开家到其他的贵族那儿学习如何才能做一个真正的骑士。贵族们觉得孩子在离家后独立成长的过程中，能够让孩子具备一个骑士所应有的素质和知识。可见他们对孩子独立意识的培养是非常重视的。

让孩子去挑战困难锻炼胆量，以此来培养孩子自立自强的品质，这种传统意识比教孩子知识更重要。我也觉得这种做法值得推崇。

当孩子感到不安或者无助时，就会本能地到父母那里寻求慰藉，而这样的结果是：他们虽然暂时得到了帮助，但却失去了能让自己长期自立的培养和锻炼。

在这方面心理有障碍的人，通常情绪上是高度依赖别人的人。他们没有独立意识，不能为自己创造心理上的满足，他们只有在思想行为上都去依靠别人，常常按照家长或者别的权威者的样子来思考和行动。他们的独立意识其实都是参照别人的反映，因此，当他们依赖的对象一旦坍塌消失，他们顿时就会陷入绝望而手足无措的境地。

一个有强烈自我意识的人，同时是一个真正具有独立精神的人，他们不依赖外力就可以形成自己的意向并且作出决定。有成就的人树立志向不是去迎合别人，而是来满足他们自己。

必须要提醒的是，依赖心理很具隐蔽性，有时是在大人们的不知不觉中接受了孩子的依赖行为的，这对家长提出了更高的要求。家长们往往明白让孩子学会独立很重要，但因为担心伤害和委屈孩子，又常常使孩子生活在自己给他预先安排的状态里。所以家长一定要注意反省。

不少家长会觉得这种做法似乎有些残忍。其实从孩子幼年的时候就开始训练他的独立精神是非常必要的。那些无微不至的关怀，不仅不全是有益的，而且有时还会造成孩子的能力低下。孩子进入了少年阶段，常常跟家长发生冲突，很多情况就是对家长处处关怀他们的一种反抗。孩子们也有很强的自尊心，他们不希望让自己在别人那里留下一个什么都不能做的印象，他们需要在别人面前证明自己的能力。既然如此，家长为什么不给孩子这样的锻炼机会呢？

增强孩子的心理承受能力

◎ 卡尔·威特教育箴言

让孩子经历适当的逆境和挫折更容易磨炼孩子的意志，更容易培养出优秀的人才。培养孩子面对挫折的能力，要从培养他们的心理承受力开始。

在生活中，经常听到有一些孩子只因为受到父母一句责备，或是老师的一次批评，有的因为一点委屈和一点希望的破灭就离家出走，与父母和老师及同学结成心里疙瘩甚至做出一些极端的行为。许多家长和老师都反映说，现在的孩子太娇气了，心理承受能力太差了。其实，一个人只要参与社会生活，就会遇到各种压力、困难和挫折。培养孩子形成遇忙不乱、宠辱不惊的心理品质，是保持健康心态能从容面对未来世界的基础。

逆境和挫折更容易磨炼人的意志，更容易培养出优秀的人才。古往今来很多伟大的人都是在逆境中经过千锤百炼成长起来的，他们具有更强的生存力和竞争力。在逆境中成长，能使人更趋成熟，不论是成功的经验还是失败的教训，都是他们力量的源泉。

德国有句谚语：挫折是种资本，失败是成功之母。所以，逆境中成长起来的人更具有从容乐观、坚忍不拔的品质。培养孩子面对挫折的能力，要从培养他们的心理承受力开始。

挫折其实质就是一个人在人生旅途中所遭遇的困难和失败。这种境况和感觉是非常令人难过的，当受到挫折的时候，一般人可能会觉得梦想难以实现而心理因难以接受而陷入沮丧和失望。但是对于意志坚定，心理承受力强的人来说，挫折也许对自己的成长更具意义。

我告诫威廉，一定要做一个意志坚强的人，因为人的一生不可能总是一帆风顺，总会遇到这样或那样的挫折和困难，只有那些心理承受能力差的人才会在挫折面前做出逃避和超出常规的愚蠢行为，而意志坚强的人却常常可以在挫折中总结出成功经验。我从威廉很小的时候，就开始教他学会勇敢地面对失败，忍受它所带来的负面影响。

用逃避的方式来应对失败，是一种低劣的性格品质。有的孩子常常会用拒绝上学来逃避考试，这样一来，他们的软弱和自卑心理会越来越强。为了给自己的逃避行为找个正当的理由，他们经常会说："我不愿意这样做。"甚至去攻击贬低那些勤奋学习的人"愚蠢"。他们会进行自我安慰自我陶醉，会认为自己"与众不同"等，借此来给自己营造一种虚假的自豪感。

失败是成功之母，但是还要看自己是否尽了最大的努力。这是我尽力教育孩子懂得的一个道理。

我告诫威廉，做人和做事都应该脚踏实地，不管在任何情况下都不能走极端。有些家长常常会用考试成绩的好坏来衡量孩子的优劣，这会让孩子产生压力甚至恐惧感，我就见过有孩子用自残的方式来逃避父母的惩罚。在德国，处于少年时期的孩子，掩盖失败所带来的恐惧感的最典型的方法就是酗酒打架。这并不是偶然，孩子们的这些不良行为都是由于他们到了最在乎别人对自己看法的年龄段后才开始的。

尽量少奉承孩子。许多孩子是在充满奉承的声音中长大的，使得孩子只是做了一些他应该做的事，父母和周围的人就赞不绝口；孩子犯了错误，家长怕“刺激”孩子，又想方设法地帮孩子找借口，这会使孩子任性、虚荣。不奉承孩子，就是不无目的去讨孩子的欢心，不让孩子去承受不应该得到的荣誉，就是让孩子清楚什么是对，什么是错，什么应该做，什么不应该做，从小就正视自己遇到的每一个问题。

在教育威廉的时候，我就非常重视让他从现实的角度来进行思考。人只有面对现实，才会有所作为。有不少人整天沉迷于幻想之中，自欺欺人，不能面对现实，这是对现实的一种逃避心理。

人们常常会受制于逃避心理，因此一定要学会面对现实。我尽量让威廉的行为有利于自己的同时也能有利于别人。为了避免威廉形成逃避现实的心理，我要求他按照真实的模样来认识社会和世界，并且做出适当的反应和决定。

孩子无论有多么痛苦，我都要求并且帮助他去面对现实。当我向威廉解释并教他处理问题的时候，孩子就会慢慢地懂得，人生没有迈不过去的坎，也没有解决不了的困难。这时孩子也会自信地说：“爸爸。我相信我可以做到。”

现实中，不少家长不但没有教会孩子增强心理承受力的技能，反而让他们滋长了不能面对现实的毛病。由于家长总想避免孩子不受残酷现实的伤害，从而强化了他们的逃避心理。这是一种失败的教育。

附录：关于本书的赞誉

一个低能儿都可以被培养成天才，普通的孩子就更容易成为社会的有用之才。《卡尔·威特的教育全书》能够帮助我们破译人类早期教育的关键所在。

——【德】托克维尔 早期教育家

为什么许多神童同时集中于哈佛大学，世界上根本不可能有这么多的偶合现象，这全是受益于《卡尔·威特的教育全书》的结果。

——【日】木村久一 日本儿童早期教育的鼻祖

把一个低智儿培养成了闻名全德意志的奇才，这是证明《卡尔·威特的教育全书》一书神奇和伟大的最好例子。

——【美】鲍里斯·塞德兹 哈佛大学心理学博士

这本书出来以后，小孩子可以多发些笑声，父母也可以少受烦恼。这本书是儿童快乐的源泉，也是父母幸福的源泉。

——【中】陶行知 著名教育家